*l'* **AB**

*du*

# Tour
# de France

Jean-Paul Ollivier

Flammarion

## L'abécédaire

Il se compose des notices suivantes, classées par ordre alphabétique.
À chacune d'elles est associée une couleur qui indique sa nature :

### ■ Coureurs

*Anquetil Jacques*
*Armstrong Lance*
*Bartali Gino*
*Bobet Louison*
*Coppi Fausto*
*Darrigade André*
*Desgrange Henri*

*Garin Maurice*
*Hinault Bernard*
*Indurain Miguel*
*Isolés*
*Koblet Hugo*
*Ferdi Kubler*
*Merckx Eddy*

*Pélissier (Henry, François, Charles)*
*Petit-Breton Lucien*
*Poulidor Raymond*
*Robic Jean*
*Thys Philippe*
*Zaaf Abdelkader*

### ▨ Profil et étapes

*Agen*
*Alpe d'Huez*
*Angleterre*
*Arrivée*
*Aubisque*
*Ballon d'Alsace*
*Bonsecours*
*Bordeaux*
*Chartreuse*

*Départ*
*Étapes*
*Futuroscope*
*Galibier*
*Iles*
*Izoard*
*Mont Saint-Michel*
*Montgeron*
*Mourenx-Ville-Nouvelle*

*Orcières-Merlette*
*Perjuret*
*Pra-Loup*
*Puy-de-Dôme*
*Restefond*
*Tourmalet*
*Transferts*
*Ventoux*

### ■ Autour du Tour

*Alcyon*
*Auto (L')*
*Bernard Tristan*
*Blondin Antoine*
*Campagnolo Tullio*
*Caravane publicitaire*
*Chiffres*
*Cinéma*

*Colombie*
*Dérailleur*
*Dopage*
*Équipe (L')*
*Extra-Sportifs*
*Forçats (de la route)*
*Goddet Jacques*
*Leblanc Jean-Marie*

*Lévitan Félix*
*Maillot*
*Participation*
*Pellos*
*Records*
*Télévision*

Au fil de ces notices, et grâce aux renvois signalés par les astérisques,
le lecteur voyage comme il lui plaît dans l'abécédaire.

# LE TOUR DE FRANCE RACONTÉ

### I. Naissance du tour de France

Le jeudi 20 novembre 1902 se devait d'être un jour comme les autres. Au siège du journal *L'Auto\**, Henri Desgrange*, directeur du journal, réunit ses collaborateurs et, comme à chaque fois, il leur est demandé de soumettre des idées à l'assemblée. La connotation reste toujours la même : tout faire pour triompher du rival, le journal *Le Vélo* dirigé par Pierre Giffard. Parmi les journalistes, précisément, un jeune transfuge du *Vélo*, Géo Lefèvre, engagé en janvier 1901 et placé à la tête de la rubrique cycliste.

Lefèvre avouera plus tard avoir lancé sous l'impulsion d'une inspiration soudaine l'idée d'un grand Tour qui épouserait toutes les villes les plus importantes du pays, qui partirait de Paris et reviendrait à Paris. Ce serait le Tour de France.

« Voilà une épreuve bien longue, rétorque Desgrange. On tuerait les coureurs. Personne ne finirait.

« Il faudrait procéder par étapes…

« Certes, mais où trouver l'argent ? »

Et la discussion s'arrête là, momentanément car, après l'examen d'autres questions ou propositions, le « patron », qu'on appelle aussi par ses initiales « H. D. », s'empresse d'inviter à déjeuner à la brasserie Zimmer, boulevard Montmartre, son collaborateur à l'audace conquérante ; « geste rare, soulignera Jacques Goddet*, qui attestait éloquemment de la violence du choc subi par cet homme réputé pour être extrêmement rigoureux sur les dépenses. »

Desgrange et Lefèvre tombent d'accord pour affirmer que sur le plan sportif l'épreuve s'impose de plus en plus car un Marseille-Paris a été organisé et tout le monde réclame le passage des coureurs. À quelques kilomètres du Rhône, les gens, furieux de ne pas pouvoir voir les champions, récriminent :

« Le Rhône n'a donc plus de rive droite ? » Même réaction à Montpellier et Béziers.

« Oui, c'est vrai, tout le monde réclame les coureurs, ajoute Desgrange. La France entière, en somme. Alors organisons le Tour de France ! Il ne nous reste plus qu'à décider Victor Goddet. »

L'homme qui tient les cordons de la bourse va-t-il se montrer réticent ? Il écoute en tout cas la plaidoirie des deux complices et, à leur profonde surprise, se soulève de son fauteuil. Tout en claudiquant – il souffre des conséquences d'un accident de jeunesse qui l'a laissé estropié –, cet administrateur férocement économe se dirige vers le

Victoire de Garin, le 19 juillet 1903.

Double page suivante : à la tribune, lors de l'arrivée, Louison Bobet avec sa femme, sa fille et Yvette Horner, le 27 juillet 1953.

7

coffre-fort qu'il ouvre tout grand pour H. D.* et le jeune Géo. La partie est gagnée. Le total des prix s'élèvera à 20 000 francs-or.

Quelques semaines plus tard, le 19 janvier 1903, le Tour de France est présenté par *L'Auto* comme la plus grande épreuve cycliste du monde, une course qui devra durer plus d'un mois. L'itinéraire est immédiatement défini, à savoir Paris-Lyon-Marseille-Toulouse-Bordeaux-Nantes-Paris, avec départ fixé au 1er juin et arrivée fixée au 5 juillet. Des entraîneurs sont prévus pour la dernière étape et il est indiqué que les coureurs seront autorisés à changer de vélo seulement en cas d'accident. Le vainqueur de chaque étape recevra une prime de 3 000 francs, ce qui correspond approximativement à vingt fois le salaire mensuel d'un ouvrier.

La grande presse se montre conquise d'entrée : « Une épreuve monstre appelée à faire sensation » annonce *Le Figaro* ; « Une gigantesque épreuve, un spectacle grandiose », peut-on lire dans *Le Soleil* ; « C'est la première fois qu'une pareille épreuve est annoncée », note *Le Matin*. Seul *Le Vélo* ignore l'information, provoquant cette mise au point de Géo Lefèvre : « Le journal, qui est maintenant le seul à s'appeler *Le Vélo*, ne daigne pas consacrer une ligne – vous m'entendez bien, pas une ligne – à cette course de vélos, la plus sensationnelle organisée depuis l'invention du sport cycliste. Voilà des lecteurs bien renseignés. »

Vingt-quatre heures plus tard, *Le Vélo* annonce l'information… en onze lignes.

Dans un premier temps, les candidats au Tour ne se bousculent guère et, au mois d'avril, devant ce manque d'empressement et cette morosité, les organisateurs envisagent tout bonnement de renoncer.

À quelques semaines du départ quinze coureurs à peine ont rempli leur feuille d'engagement. Il est vrai que les meilleurs ont annoncé leur parti-

Fausto Coppi, Tour de France 1949.

cipation : Maurice Garin*, le champion allemand Joseph Fischer, Léon Georget et Hippo-
lyte Aucouturier…

Desgrange* épluche une nouvelle fois son règlement. Pas question de modifier le kilométrage
de l'épreuve : 2 428 km. En revanche, il
convient de ramener la durée à 19 jours et ce
sera, cette fois, du 1er au 19 juillet, ce qui lais-
sera la possibilité à ceux qui ne vivent pas que
du cyclisme et ne peuvent envisager de quitter
leur emploi pour une trop longue période de
prendre le départ. Enfin, outre la réduction de
moitié du droit d'engagement, le directeur du
Tour promet cinq francs par jour à tous les
concurrents terminant dans les cinquante premiers. Le nombre des engagés fait alors un
bond : 78 concurrents s'apprêtent à signer la
feuille d'envol. Ils ne seront finalement que 60.

Henri Desgrange*, dans son éditorial de *L'Auto*\*,
le 1er juillet 1903, célèbre le départ de ce premier
Tour de France en termes dithyrambiques : «Du
geste large et puissant que Zola, dans *La Terre*,
donne à son laboureur, *L'Auto,* journal d'idées et
d'action, va lancer à travers la France aujourd'hui
les inconscients et rudes semeurs d'énergie que
sont les grands routiers professionnels… »

Tout est prêt pour le départ de la première
étape Paris-Lyon, donné dans la banlieue sud,
pour éviter tout mouvement de foule au centre
de Paris. La localité de Montgeron* a été choisie
et la caravane partira du café Le Réveil-Matin.

Géo Lefèvre – tandis que Desgrange surveille les
opérations de son bureau parisien – occupe à la
fois les fonctions de directeur de la course, de
commissaire sportif, de juge à l'arrivée et
d'envoyé spécial de *L'Auto*. Deux hommes lui
sont adjoints : Georges Abran, homme haut en
couleurs, dont le rôle est d'agiter un immense
drapeau jaune au départ et à l'arrivée. C'est lui
qui va libérer les concurrents du premier Tour
de France. Avec lui Fernand Mercier appelé à

Départ du
Tour de
France,
30 juin 1948.

préparer le contrôle d'arrivée aux étapes avec le correspondant local de *L'Auto\**.

Incontestablement l'homme-orchestre est Géo Lefèvre. Son premier travail consiste à prendre le train, puis il s'arrête sur le parcours et, à bicyclette cette fois, suit durant une trentaine de kilomètres en se laissant bien sûr dépasser afin de noter les concurrents encore en course. Il rejoint alors une autre gare, recommence l'opération et tout s'achève à la ville-étape\*. La tâche s'avère inhumaine. Il s'écroule souvent de sommeil au bord de la route et tout se complique dans l'opacité de la nuit.

À Lyon, 17 h et 45 min après le coup de pistolet du starter, Maurice Garin\* remporte la première étape. Il est 8 h 45 du matin. Aucouturier, lui, arrive par le train. Il a abandonné à La Palisse mais va reprendre la course pour les seuls prix d'une étape. Il l'emporte ainsi à Marseille devant Georget, qui reprend 26 min à Garin. Est-ce la solution de laisser ainsi les « Partiels » repartir après abandon ? La régularité de la course peut en pâtir. Desgrange\* rectifie la formule en cours d'épreuve. Les « Partiels » partiront désormais une heure après les authentiques « Tour de France ».

À Nantes, Desgrange supprime aussi les entraîneurs humains acceptés à l'origine pour la seule dernière étape.

Maurice Garin, surnommé le « Petit Ramoneur », car il a occupé cette fonction durant son enfance au Val d'Aoste où il est né, remporte trois des six étapes et le classement général final. Il empoche la moitié des prix, soit 10 000 francs. À l'époque, le salaire horaire d'un ouvrier est de 2 francs. Âgé de 32 ans, il est réputé pour sa puissance et sa régularité. Il gagne avec près de trois heures d'avance sur Pottier, jeune boucher de Sens âgé de 20 ans et grande révélation de la course. Vingt et un coureurs sur 60 s'inscrivent au palmarès de ce premier Tour de

Préparatifs du Tour de France 1949, Georges Ramoulux.

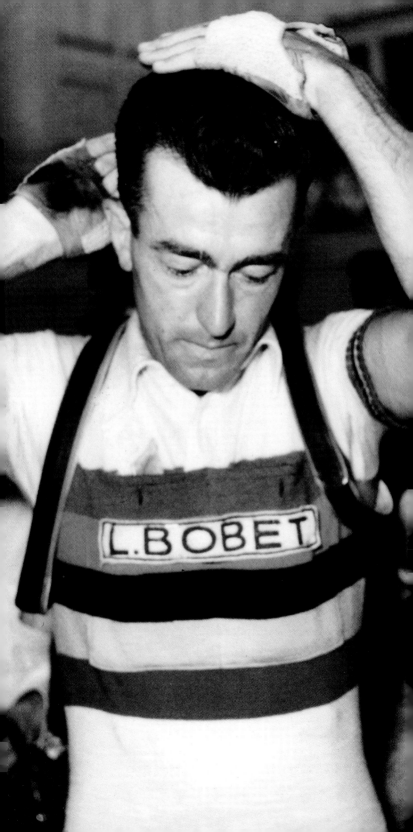

France. Les tirages du journal organisateur effectuent un bon en avant. La vente journalière est passée de 30 000 à 60 000 exemplaires. Celle du *Vélo* dégringole jusqu'au 20 novembre 1904, année où Pierre Giffard, brisé, se voit contraint de mettre la clé sous la porte. Un comble : *L'Auto\** chasse *Le Vélo !*

## II. ÉVOLUTION DU TOUR DE FRANCE

L'évolution sportive du Tour de France présente dix phases principales qui furent illustrées chacune par des champions exceptionnels.

### PREMIÈRE ÉPOQUE : Les pionniers

Il existait au début du XXᵉ siècle une véritable guerre entre le tout-puissant journal *Le Vélo* et le quotidien naissant *L'Auto*. Il importait donc pour l'un et l'autre de rester ou de devenir le meilleur. Un seul objectif : frapper l'imagination en célébrant l'exploit phénoménal. C'est chose faite pour *L'Auto,* en 1903. Ici le nom de Maurice Garin\* s'impose de manière indiscutable. Cet ancien ramoneur, natif du Val d'Aoste, mais de nationalité française, était réputé pour son extraordinaire résistance et son obstination sauvage. De petite taille, il dominait ses rivaux grâce à une régularité d'horloge dans l'effort. Le samedi 18 juillet 1903, après 2 428 km de course, il précédait de plus de trois heures le Français Pottier. Mais des voix s'élèvent ici et là pour stigmatiser la tricherie et le favoritisme qui auraient cours au sein du Tour. On évoque de la drogue que l'on aurait fait ingurgiter à Aucouturier sous forme de limonade ; les contrôleurs auraient, dit-on, favorisé l'équipe La Française – celle du leader Garin – au mépris du règlement. Ces propos semblent d'ailleurs trouver confirmation l'année suivante, où l'on va jusqu'à indiquer des coureurs ayant utilisé des raccourcis ou même des moyens de transport autres que le vélo. Le couperet tombe : quatre mois après l'arrivée, l'Union vélocipédique de France déclasse les quatre premiers : Maurice Garin, Pottier, César Garin et Aucouturier pour violation des règlements. La victoire revient à Henri Cornet, 20 ans, le plus jeune vainqueur du Tour de France.

### DEUXIÈME ÉPOQUE : À la recherche de vraies structures

Le Tour recherche des données sportives : utilisation de la montagne à partir de 1905. Le directeur de l'épreuve, Henri Desgrange\*, augmente le nombre des étapes, réduit les parcours de nuit, institue les

Louison Bobet, Avignon, 1955.

délais d'arrivées. Le tirage de *L'Auto*\* ne cesse de croître. En 1910, durant toute la course, il dépasse les 300 000 exemplaires. Cette époque très importante porte sur une vingtaine d'années. Elle est marquée par les exploits de Philippe Thys\*, Petit-Breton\*, Garrigou, Lapize, Christophe, Fontan, Lambot, Henri Pélissier et Bottecchia. Le premier nommé, intelligent, rapide et bon grimpeur gagne le Tour à trois reprises. Eugène Christophe, deux fois victime d'un irrémédiable bris de cadre (1913 et 1919) est entré dans la légende des héros malheureux, vaincu sur accident : il a rebrasé lui-même sa fourche et a terminé sous les vivats du public du parc des Princes. À mesure que sont apportées des améliorations à l'état des routes, que le vélos s'affinent et perdent du poids, le « type » du coureur du Tour de France s'éloigne progressivement des normes du coureur-bélier, genre Maurice Garin\*, pour se rapprocher de celles du « combattant de choc » incarné par Henri Pélissier\*. Les coureurs déjà plus évolués gagnent en maîtrise, et usent de toutes leurs ressources physiques, morales et mentales. Ils en usent et en abusent souvent. Afin de distinguer aux yeux des foules le premier du classement général, Henri Desgrange\* crée le Maillot\* jaune, au cours de l'édition 1919, au départ de Grenoble. L'emblème adopte la couleur du journal *L'Auto*\*. Premier porteur : Eugène Christophe. Cette édition 1919 aura été l'une des plus pénibles de l'Histoire. Le premier conflit mondial a fauché de nombreux sportifs. Le nombre de concurrents au départ\* est divisé par deux : 69 contre 145 en 1914. Seuls onze concurrents franchissent la ligne d'arrivée\* finale et la moyenne a chuté de 28 à 25 km/h.

Équipe d'Italie, Tour de France, 1950.

### TROISIÈME ÉPOQUE : Plan de stabilisation

Le Tour s'installe dans une formule plus stable : bicyclettes poinçonnées, concurrents répartis en

Kubler bat Bobet au sprint à l'issue de la 14e étape Toulouse-Millau, Tour de France 1954.

deux catégories : « Groupés » et « Isolés* », alternance des étapes et des jours de repos. La montagne fait dès lors partie intégrante de l'épreuve. Elle engendre un type nouveau de coureurs complets. La course présente une plus grande rigueur dans son déroulement et dans sa signification. Sans négliger la notion du « phénoménal », Henri Desgrange* recherche les formules susceptibles de fixer le Tour dans son cadre : quatre semaines de course, étapes* plus courtes (360 km en moyenne), contrôle sévère de la fraude, car l'épreuve, jusqu'en 1910, avait pris parfois la physionomie d'un

pittoresque championnat de… resquilleurs. Durant cette période relativement brève (1925-1930) se mêlent dans le creuset du Tour ceux de «l'ancien régime» (Scieur, Bottecchia, Henri Pélissier*) et leurs successeurs (Frantz, Buysse, Leducq, Bidot, Magne et Dewaele).

### QUATRIÈME ÉPOQUE : Crise de croissance
Le Tour de France traverse au cours d'une troisième époque une phase de crise grave que Jacques Goddet*, directeur général de

Double page suivante : Jean Robic dans le col Peyresourde, Tour de France 1953.

Des curés en soutane viennent en aide aux coureurs du Tour de France épuisés et terrassés par la chaleur lors de la 7ᵉ étape qui relie Saint-Brieuc à Angers, en juillet 1950.

l'épreuve quelques années plus tard, définira ainsi : «La crise n'est pas venue d'un seul coup. Déjà, avant la guerre de 1914-1918, certains symptômes s'étaient manifestés. Lapize, vedette à part entière, abandonne en 1922, se plaignant de la collusion des coureurs belges entre eux, quelle que soit leur appartenance de marque... Au sortir des tranchées, le mal du Tour s'aggrave... Il n'y plus de course du tout après la montagne... Les constructeurs viennent troubler l'ordonnance et le sens sportif de l'épreuve en raison de leurs préoccupations commerciales... Il se trouvait aussi que les constructeurs eux-mêmes, impuissants à empêcher la collusion de certains coureurs entre eux, le plus souvent pour des raisons nationales, devenaient les

victimes de ces intempestives manifestations de patriotisme… » 23
Des mesures de rétorsion seront appliquées (départs* séparés, réduc-
tions des prix, bonifications aux arrivées* et aux passages des cols,
etc.), mais la victoire de Maurice Dewaele, en 1929, consacre néan-
moins la faillite de la formule. Le Belge, en détresse, sauve sa « victoire » grâce à des concours illicites. Les « bleu-ciel » de l'équipe
Alcyon*, en effet, se sont emparés des leviers de commande depuis le
méthodique Luxembourgeois Nicolas Frantz (1927-1928). Les
marques de cycles s'entrebattent avec les moyens légaux et illégaux.
L'intérêt du public s'émousse. Desgrange* éprouve la désagréable sensation que son épreuve, longue d'environ 5 000 km, lui échappe. À la

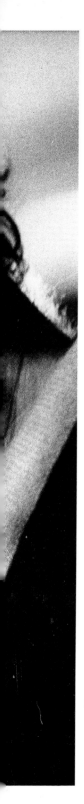

fin de 1929, il annonce un retournement spectaculaire : le Tour se disputerait désormais par équipes nationales, sur vélos anonymes peints en jaune aux couleurs de *L'Auto\**. Pour couvrir les frais d'une telle révolution apparaît alors la caravane publicitaire\*. Quant aux premières émissions radiophoniques en direct, elles apparaissent en 1929, sur Radio-Cité, animées par Jean Antoine et Alex Virot.

### CINQUIÈME ÉPOQUE : Vers les temps modernes

Au cours des années 1930-1939, le Tour de France, paré des couleurs nationales, fait la conquête des foules, mobilise dès lors l'attention du grand public. Les routes se couvrent d'asphalte. Les vélos reçoivent l'apport d'un dérailleur\*. Les coureurs, sur leurs machines modernisées, offrent une allure générale qui se rapproche des temps modernes. À ce renouveau correspond fort heureusement celui du cyclisme français : André Leducq, Antonin Magne, Georges Speicher, ramènent le Maillot\* jaune à Paris, au terme de la vingtième étape traditionnelle, cependant que les sprints de Charles Pélissier\* électrisent le public. Puis vient le tour de l'« Escadron noir » : Romain Maës, Sylvère Maës, mais les Belges quittent la course à Bordeaux\*, en 1937, et Roger Lapébie saisit sa chance, tandis que Gino Bartali\*, grimpeur ailé, vole au-dessus du Tour 1938. Quant au journal *L'Auto\**, il a déjà battu un record, en 1933, lors de la victoire de Georges Speicher : 850 000 exemplaires. L'ampleur du Tour se mesure aussi à l'intérêt qu'y portent les pouvoirs publics. Les gendarmes entrent dans le décor de la Grande Boucle, en 1933. Henri Desgrange\*, âgé de 71 ans, souffrant d'une grave affection rénale, doit laisser la place, au début du Tour 1936, à Jacques Goddet\*, fils de Victor, associé du patron du Tour à la fondation du journal organisateur.

Portrait d'Antoine Blondin.

Desgrange* décèdera le 16 août 1940, à Beauvallon. *L'Auto** poursuivra sa parution jusqu'au 17 août 1944, mais le Tour de France restera en sommeil durant le deuxième conflit mondial, et ce malgré quelques tentatives de substitution.

### SIXIÈME ÉPOQUE : Accélération de l'Histoire

De 1947 à 1962, l'époque se trouve caractérisée par une modernisation générale de l'épreuve : étapes* plus courtes, étalement des difficultés, diminution des distances entre les montagnes et le retour à Paris, suppression des bonifications dans la montagne, égalisation des traitements entre coureurs, contrôle médical permanent, ingérence des moyens d'animation sous la forme de challenges, classement par points, prime de la combativité, etc.

Depuis 1947, sous l'effet d'une prodigieuse accélération de l'Histoire, des progrès constants et parfois extrêmement rapides ont modifié la structure même du cyclisme : amélioration des techniques d'entraînement, perfectionnement du matériel, vulgarisation des principes de la diététique, collaboration plus étroite entre le coureur, le directeur sportif et le médecin. Une nouvelle race d'athlètes est née avec Fausto Coppi*, Louison Bobet*, Hugo Koblet*, Ferdi Kubler*. Le succès un peu surprenant du Montluçonnais Roger Walkowiak met fin à cette période remarquable. Celui de Jacques Anquetil*, dès son entrée dans l'épreuve, montre en 1957 que la page se tourne définitivement. Les grimpeurs du Luxembourg, Charly Gaul, et d'Espagne, Federico Bahamontès, précèdent le descendeur italien Gastone Nencini, lauréat d'un Tour marqué par le tragique accident de Roger Rivière. À la régularité de marche des anciens, la « nouvelle vague » substitue la vitesse d'exécution et présente cette faculté d'accomplir des différences d'allure impensables vingt ans seulement auparavant. Les organisateurs ne peuvent plus résister à l'évolution de l'infrastructure économique : les équipes nationales et régionales, avec leurs maillots* cocardiers, sont condamnées. Les « groupes sportifs » prennent le dessus. Le Tour de France revient aux équipes de marques en 1962.

### SEPTIÈME ÉPOQUE : Les transitions françaises

Entre 1962 et 1978, on assiste à l'avènement de nombreuses personnalités. Jacques Anquetil* continue son ascension, notamment, au Tour de France, son dernier succès, en 1964, lui étant âprement disputé par Raymond Poulidor*, lequel multiplie les places d'honneur sans jamais avoir la joie de porter le Maillot* jaune. Il trouve la route

Thévenet remporte la 15e étape Nice-Pra-Loup du Tour de France de 1975.

barrée par Lucien Aimar, Felice Gimondi, Roger Pingeon et le Hollandais Jan Janssen, qui réédite le coup de Robic* dans la dernière étape. C'est lors de ces deux dernières années (1967 et 1968) que la formule des équipes nationales réapparaît une dernière fois.

En 1969, un certain Eddy Merckx*, âgé de 24 ans, effectue une razzia sur tous les trophées à conquérir. Il monte sur un trône qui demeure le sien jusqu'en 1974 : cinq victoires comme Jacques Anquetil*. Seul l'Espagnol de Mont-de-Marsan, Luis Ocana, qui l'a menacé en 1971, s'est octroyé la palme, en son absence, en 1973. Mais la roue tourne… En 1975, Merckx s'incline face à Bernard Thévenet sur l'avenue des Champs-Élysées – car le Tour, qui avait émigré vers le vélodrome de La Cipale (1967-1974) une fois détruite la piste du parc des Princes, y trouvait son apothéose. La foule est énorme. Thévenet, coureur aux exploits intermittents, renouvelle brillamment son fait d'armes deux ans plus tard, se défaisant du Belge Lucien Van Impe, vainqueur de l'édition 1976. L'année 1978 marque l'avènement d'un jeune Breton du département des Côtes d'Armor : Bernard Hinault*. C'est le début d'une nouvelle domination destinée à durer plusieurs années.

## HUITIÈME ÉPOQUE : Hinault*, Fignon, Lemond, en haut de l'affiche

Cette période (1978-1989) voit un certain nombre de personnalités s'affirmer. Tout d'abord, Cyrille Guimard, directeur sportif de l'équipe Gitane, révolutionne le monde du vélo. Déjà, en 1976, il a permis à Lucien Van Impe – en lui insufflant un moral de gagneur notamment – de gagner le Tour de France. Cette fois c'est le jeune Bernard Hinault que le directeur technique, en permanence à la pointe de l'innovation et ayant un sens consommé de la course, va placer sur orbite. Il a déjà remporté des classiques et gagne le Tour dès sa première participation. C'est le début d'un règne durable.

Les années suivantes, Hinault arbore les couleurs de Renault, toujours sous la direction de Guimard, qui obtient un budget plus conséquent pour tester ses nouvelles technologies. Après deux Tours de France victorieux, celui que l'on a baptisé le « Blaireau », blessé, doit laisser un interrègne à Joop Zoetemelk, avant de renouer avec le succès pour deux nouvelles éditions, toujours sous la direction de Guimard. Bientôt, c'est le divorce entre les deux hommes. Hinault qui trouve la présence de son directeur de conscience trop envahissante s'en va vers d'autres cieux en compagnie de Bernard Tapie. Blessé au genou une nouvelle fois, il doit laisser la place à Laurent

Laurent Fignon, double vainqueur du Tour de France 1983-1984.

Fignon, qui remporte deux Tours de France, lui aussi sous la direction de Guimard. Le jeune Parisien, engagé pour seconder Hinault et qui n'a jamais négligé ses devoirs envers son capitaine, prend désormais du galon et remporte deux Tours de France consécutifs (1983-1984) avant de se blesser au tendon d'Achille, douleur qui l'affaiblit dans un premier temps et l'oblige à limiter ses activités.

Réapparaît alors Bernard Hinault* qui, en 1985, gagne un cinquième Tour de France promettant la victoire l'année suivante à son coéquipier Greg Lemond. Objectif réalisé. Désormais, l'Américain est lancé. Il gagne ensuite en 1989 et 1990, après le court règne de Stephen Roche et de Delgado. En 1989, Lemond l'a emporté sur les Champs-Élysées, le dernier jour, contre la montre. Il gagne le Tour pour 8" sur Laurent Fignon. Les nouvelles technologies sont apparues avec les roues lenticulaires, les guidons Scott pour les contre-la-montre…

## NEUVIÈME ÉPOQUE : Le règne d'un grand d'Espagne.

Désormais le Tour, durant cinq années consécutives, de 1991 à 1995, ne va connaître qu'un seul dominateur : l'Espagnol Miguel Indurain*, véritable métronome doté d'une extraordinaire constitution. Il possède un cœur extrêmement lent (28 pulsations/minute, au repos), une capacité pulmonaire supérieure à 8 litres, une puissance de pédalage estimée à près de 600 watts. Après avoir couru dans l'ombre de Pedro Delgado, il a réclamé des responsabilités. Son directeur sportif Echevarri les lui a accordées. Il les honorera et de quelle façon ! Au fil des ans, il demeure indestructible et semble se défaire sans le moindre problème de ses rivaux, qu'ils s'appellent Rominger, Ugrumov, Chiappucci, Bugno ou Zülle. Souvent le Tour est fini avant même d'entrer dans sa phase active… car il mise tout sur les contre-la-montre, où il assomme, pulvérise même ses adversaires. La technologie continue à s'emballer et les techniques déjà en place depuis dix ans sont encore améliorées. Cadre plongeant, roue avant plus petite que roue arrière, guidon de triathlète, mesure du rythme cardiaque avec capteur sur la machine, casque profilé et super-profilé. Les études en soufflerie se multiplient. Les vélos monoblocs apparaissent ainsi que les jantes à bâtons…

## DIXIÈME ÉPOQUE : L'hydre du dopage* et la miraculeuse maîtrise d'Armstrong*

Le Danois Bjarne Riis succède à Indurain au palmarès. Puis vient l'Allemand Ullrich, en 1997. Son avènement était attendu au vu de sa performance, contre la montre, l'année précédente, où il avait

Lance Armstrong, vainqueur du Tour de France 2000.

Ci-dessus : cyclistes du Tour de France, sous la pluie, le 5 juillet 1996 durant la 6e étape, entre Arc-Les-Bains et Aix-les-Bains.

Ci-contre : Jan Ullrich s'engage dans un virage entre Freiburg-en-Brigsau et Mulhouse le 21 juillet 2000.

gagné à plus de 50 km/h l'étape Bordeaux-Saint-Émilion*. Cette fois, il annonce que son seul objectif est la victoire dans le Tour marqué par le règne en jaune durant plusieurs jours du Nordiste Cédric Vasseur. Ullrich, lui, commence à montrer son talent dans les Pyrénées, dans la montée d'Andorre-Arcalis. Impressionnant de puissance, le coureur de la firme Telekom attire à lui tous les superlatifs. Partout il se montre le plus fort, parvient même à brider Virenque dans la montagne et le rejoint dans l'étape contre la montre, à Saint-Étienne. On le croit parti pour un long règne, mais il commet l'imprudence de se relâcher durant l'intersaison. Et n'aura ainsi chanté qu'un seul été…

Bientôt le Tour vacille sur ses bases. Alors que le signal de l'envol est donné en Irlande pour l'édition 1998, Willy Voet, soigneur de l'équipe Festina est arrêté à la frontière belge avec quatre cents doses d'EPO dans la voiture de l'équipe. Cinq jours plus tard, Bruno Roussel, directeur sportif de l'équipe et le médecin Eric Ryckaert avouent devant le juge d'instruction que le dopage* est organisé au sein de l'équipe. Ce sont alors les coureurs qui, cette fois, jouent les innocents. C'est bientôt l'heure du grand déballage, des règlements de comptes. Désormais on sait, de façon officielle, que le dopage sévit dans le cyclisme, un dopage, selon Jean-Marie Leblanc*, organisé, méthodique, arrogant, qui ridiculise les contrôles et les pouvoirs

Le Tour de France 2000 passant devant le lac de Castellane pendant une étape de 249,5 km de Draguignan à Briançon.

sportifs. Il faut donc démanteler les filières d'approvisionnement et traquer les pourvoyeurs. Première mesure prise par le directeur du Tour : l'équipe Festina est renvoyée dans ses foyers la veille de l'étape contre la montre, en Corrèze. Les pleurs de Virenque n'y changeront rien. Désormais la justice suit son cours et les sanctions tomberont en octobre 2000. Le Tour continue. Selon les mots du directeur de l'épreuve «le Tour a vécu plus de trois semaines avec

*Le Tour… C'est la fête d'un été d'hommes et c'est aussi la fête de tout notre pays, d'une passion singulièrement française : tant pis pour ceux qui ne savent pas en partager les émotions, les folies, les espoirs !*

Louis Aragon

du poison dans les veines, mais il n'est pas mort. » L'Italien Pantani remporte cette 85ᵉ édition. Et bientôt les regards se porteront vers l'Américain Lance Armstrong\*, sorti des griffes du cancer, et qui remporte le Tour en 1999 et 2000. On le considère comme un athlète complet, avec cette tendance à oublier qu'il est sorti de l'enfer. Pour montrer qu'une première victoire n'était pas le fait du hasard, il remet son ouvrage sur le métier…

*Un arrêt du Tour, c'est un arrêt du cœur, et pas seulement pour le sport cycliste. Car chaque fois que le Tour a été arrêté (1915 ! 1940 !) c'est parce que le monde lui-même avait perdu les pédales.*

Jacques Marchand, *Pour ou contre le Tour de France* (Berger-Levrault)

## Agen

Le Tour a fait étape à quatre reprises dans la cité du pruneau tantôt comme cité d'arrivée, tantôt comme ville-départ. La légende retient essentiellement l'édition 1951. Le 15 juillet, se déroulait entre Brive et Agen une étape qui restera un moment d'exception. Le Suisse Hugo Koblet* décida de prendre les devants dès le début de l'étape. Il s'en alla seul et augmenta sans cesse son avance qui atteignit 3'50 dans la plaine entre Souillac

## Alcyon

Cette prestigieuse marque de cycles d'après la guerre 1914-1918 équipa la plupart des grands champions. Elle s'illustra en particulier dans le Tour de France où elle remporta le prix d'équipe de 1909 à 1912, et où son emprise restait entière avec les Faber, Lapize, Garrigou, Defraye, et de 1927 à 1929 avec Frantz et Dewaele. Le directeur sportif Ludovic Feuillet fut une figure de l'époque. Alcyon (maillot bleu céleste) participa également aux compétitions après-guerre.

et Pontcarral. En franchissant la ligne, à Agen, le routier helvète, qui ne semble nullement marqué par l'effort fourni, se permet l'audace de déclencher son chronomètre. Il conserve 2'29 d'avance sur le peloton battu, maté, anéanti. Koblet, en l'attendant, satisfait à une rapide toilette à l'aide d'une petite éponge imbibée d'eau qu'il sort de la poche de son maillot et se peigne élégamment. Dès lors on sait qu'il n'aura plus de rival à sa mesure.

En 1961 notamment, elle équipa André Darrigade*. Le directeur sportif en était Georges Speicher.

## Alpe d'Huez

Cette station de sports d'hiver située dans le département de l'Isère, culminant à 1 860 m, constitua en 1952 la première arrivée du Tour de France en altitude. Fausto Coppi* l'emporta et, dès lors, on sut qu'il allait une seconde fois remporter l'épreuve, ce qui incita les organisateurs à augmenter le

Tour d'honneur de Hugo Koblet à Agen en 1951.

Page de gauche, Lucien Petit-Breton en 1906.

# ALPE D'HUEZ

Jacques
Anquetil
lors du Tour
de France 1961
à Versailles.

prix attribué au deuxième du classement général pour redonner de l'intérêt au Tour.

La Grande Boucle ne reviendra à l'Alpe d'Huez que de longues années plus tard, en 1976, avec la victoire du Hollandais Joop Zoetemelk, et deviendra alors de manière quasi permanente ville-étape*. En 1979, l'Alpe d'Huez sera escaladée deux fois à vingt-quatre heures d'intervalle (victoires d'Agostinho et de Zoetemelk).

L'ascension de l'Alpe d'Huez commence à Bourg-d'Oisans et

s'élève, durant 14 km, de 1 160 m (moyenne 8 %, avec de nombreux passages à 14 %). Elle comporte 21 virages en épingle. Les pentes maximales se situent avant La Garde-en-Oisans (virage 18-16), à l'entrée d'Huez* (virage 6), enfin entre les virages 3 et 2, à 3 km du sommet. Le domaine de l'Alpe d'Huez offre aux skieurs durant l'hiver 220 km de pistes balisées et 3 000 ha skiables. Le Tour de France a largement contribué à la notoriété de cette station créée en 1936.

### ■ Angleterre

Cette nation a accueilli le Tour de France pour la première fois en 1974. La caravane embarqua sur un ferry au port de Roscoff, à destination de la grande île. Une étape en circuit y fut disputée à Plymouth et le vainqueur en fut le Hollandais Henk Poppe. La Grande Boucle revint vingt ans plus tard en franchissant le channel par le tunnel sous la Manche. Les deux étapes furent l'apanage de Cabello, à Brighton et de Minali à Porsmouth. Quant à l'équipe d'Angleterre proprement dite, elle fut présente au Tour de France en tant que telle dès 1955, et comptait dans ses rangs Robinson, Hoar, Jones, Steel, Woods, Maitland, Krebs, Mitchell, Pusey et Bedwell.

### ■ Anquetil Jacques

Né le 8 janvier 1934 à Mont-Saint-Aignan (Seine-Maritime), il a été le premier à inscrire son nom à cinq reprises au palmarès du Tour de France. Cela dit, il accordait aux palmarès une importance très relative. Il exerçait son métier comme il l'entendait, bien ou mal aux yeux de ses contemporains, mais au mieux de ses intérêts. Sa nature le conduisait à sacrifier « la glorieuse incertitude du sport » aux impératifs d'un plan rigoureux, établi en fonction des données qui lui étaient propres. Son orgueil le conduisait parfois à relever des défis insolites et à réaliser, presque contre son gré, des prouesses exceptionnelles, mais il se défendait contre ces tentations. Il aura sans doute été la plus belle machine à pédaler du monde. Il fut le premier à gagner les trois grands Tours : France, Italie, Espagne. Tout lui semblait facile. C'est pour-

Lance Armstrong au Futuroscope, Tour de France 1999.

Le leader américain, Lance Armstrong, à la tête du peloton sur les Champs-Élysées le 23 juillet 2000.

quoi il était l'homme des défis : défis à la raison, défis aux lois de l'équilibre, du sommeil, de la diététique. Il déconcertait l'opinion qui eut aimé que l'œuvre ne fût pas trop parfaite, que la cuirasse connût quelques défauts, afin que cet être singulièrement doué revînt prendre place, de temps en temps, parmi ses frères.

### ■ Armstrong Lance

Pour le grand public, il est devenu un héros. Les foules l'ont suivi, émerveillées et incrédules. Ce qu'il a réalisé tient du miracle. Il a vaincu son cancer, vaincu au Tour de France à deux reprises. Après être devenu champion du monde en 1993 sous le déluge d'Oslo, il est engagé par Cyrille Guimard quelques années plus tard alors qu'il vient d'avoir 25 ans. Hélas, à Austin, dans son Texas natal, les médecins lui révèlent qu'il souffre d'un cancer. C'est le premier accroc de son existence. Il est décidé à se battre. Après une intervention chirurgicale, il reprend le vélo. Après une reprise laborieuse, les résultats s'affichent plus que prometteurs. En 1999, on le persuade qu'il peut remporter rien moins que le Tour de France. Il remporte le prologue du Puy-du-

Fou, endosse le Maillot* jaune. Dans l'étape contre la montre à Metz, quelques jours plus tard, il s'affiche une nouvelle fois en vainqueur puis, à Sestrières, dans la grisaille, remporte la grande étape de montagne et le Tour de France. En l'an 2000, il renoue avec la victoire dans la Grande Boucle, devenant le meilleur rouleur puis, prouvant de manière éclatante que dans un grand jour aucun grimpeur ne peut prendre sa roue. Un condamné à mort s'est définitivement échappé.

### Arrivée

Le Tour de France connut son apothéose au parc des Princes durant de longues années, jusqu'en 1967. L'année suivante, l'arrivée était jugée au vélodrome de la Cipale, au bois de Vincennes. Elle gardera ce cadre jusqu'en 1975 où le final se déroulera dans le décor prestigieux des Champs-Élysées.

### Aubisque

Situé à 1 709 m d'altitude, ce col met en communication la vallée d'Ossau et la vallée d'Arrens. C'est au cours de la première ascension de cet obstacle impressionnant, le 21 juillet 1910, que Lapize, futur vainqueur de l'étape Luchon-Bayonne, traita les organisateurs d'assassins. En venant d'Arrens, en passant par le col du Soulor, qui est le préambule de l'Aubisque, ce dernier développe 19 km de montée pour une dénivellation de 833 m. En montant par Laruns, il compte 12 km de montée pour une dénivellation de 957 m. Le premier vainqueur au sommet fut Lafourcade suivi de Lapize…

Géminiani et sa femme à l'arrivée du Tour de France 1951.

La Une du journal *L'Auto*, montrant l'itinéraire du premier Tour de France en 1903.

## ■ AUTO (L')

Journal organisateur du Tour de France. Il s'appelait à l'origine *L'Auto-Vélo*, mais dut retirer l'appellation « Vélo » à l'issue d'un procès gagné par le journal *Le Vélo* dirigé par Pierre Giffard, et dont le tirage atteint 82 000 exemplaires. À cette époque, la France est agitée par l'affaire Dreyfus. Si Giffard se présente comme un dreyfusard irréductible, ses actionnaires, dont le baron de Dion, sont anti-dreyfusards et retirent bientôt leur soutien financier au *Vélo*. Ils alertent dès lors Henri Desgrange* et son associé Victor Goddet et demandent au premier de créer un quotidien de sport. Le 16 octobre 1900 naîtra *L'Auto,* imprimé en jaune.

Outre la rédaction formée de journalistes de qualité, l'organe de presse dispose de 542 correspondants en France et dans le monde. Le tirage se veut d'entrée relativement modeste : 25 000 exemplaires quotidiens. Entre *Le Vélo* et *L'Auto,* c'est désormais la guerre. Les deux quotidiens organisent chacun de leur côté de belles épreuves cyclistes. Bientôt, le Tour de France va voir le jour et *L'Auto* va terrasser *Le Vélo*… *L'Auto* paraîtra jusqu'à la Deuxième Guerre mondiale. À la Libération, une ordonnance mit fin à la publication des journaux ayant paru sous l'occupation. *L'Auto* tomba donc, selon l'expression du ministre de l'époque, Pierre-Henri Teitgen, dans « la fosse commune des déshonneurs nationaux ».

### Ballon d'Alsace

L'un des principaux sommets des Vosges, qui relie la vallée de la Doller à celle de la Savoureuse (altitude 1 247 m), fut escaladé pour la première fois dans le Tour en 1905. René Pottier passa le premier au sommet. C'était la première fois que Henri Desgrange* introduisait la montagne dans le parcours. On la retrouvera à quatre reprises – comme arrivée d'étape – en 1967 (1er Aimar), en 1969 (1er Merckx*), 1972 (1er Thévenet), 1979 (1er Villemiane). Le Ballon offre un panorama exceptionnel sur la plaine d'Alsace, la Forêt-Noire et le Mont-Blanc.

### Bartali Gino

Il a été le champion qui a nécessité le vocabulaire le plus riche et a présenté les images les plus nobles et les plus fleuries. Le « Taciturne », le « Pieux », le « Mystique ». En 1938, l'Italie se découvre un nouveau *campionissimo*. Il remporte le Tour de France. Personne n'a pu arriver à la hauteur de sa cheville mince et racée. La guerre lui enlève les plus belles années de sa carrière. Au sortir du conflit il doit compter avec Fausto Coppi*, son cadet de cinq ans, mais remporte le Tour 1948, dix ans après son premier succès. Né le 18 juillet 1914, à Ponte-a-Ema, dans la banlieue de Florence, il pensait que tout ce qui se passait sur cette terre n'était que l'effet de la puissance divine. Sa rivalité avec Coppi avait acquis une dimension universelle et cette succession de moments exaltants et de pages amères a contribué de façon non négligeable à accroître la popularité du cyclisme en Italie. Grimpeur d'exception, capable d'escalader les côtes les plus sélectives en épuisant ses adversaires, sprinter redoutable autant que rouleur de talent, il fut un lutteur agressif et tenace et un professionnel exemplaire. Il s'éteignit au mois de mai 2000 dans sa bonne ville de Florence.

Un des sept virages de la route du Ballon d'Alsace.

Gino Bartali, en 1937. Dans les cols, il s'élève au-dessus de tous et prend le Maillot jaune.

Tristan Bernard, (1866-1947).

Double page suivante : arrivée à Nantes de Koblet devant Darrigade, Tour de France 1953.

## ■ Bernard Tristan

Romancier et auteur dramatique (*L'Anglais tel qu'on le parle, Triplepatte, Le Petit café...*), Tristan Bernard devient en 1892 directeur sportif du vélodrome Buffalo. En 1934, il suit le Tour de France, offrant ses chroniques au Journal et à la T.S.F. pour laquelle il enregistre alors ses chroniques dans le car de « l'Intran-Match ». Il a écrit entre autres : « Le Tour de France est un divertissement très précieux pour la foule, une occupation de cœur très utile. Il y a chez ces millions d'êtres, des besoins d'exaltation auxquels il est bon de donner un aliment... »

Antoine Blondin, reporter sur le Tour de France 1962.

## ■ BLONDIN ANTOINE

Né le 11 avril 1922, décédé le 7 juin 1991, Antoine Blondin a consacré sa carrière à la littérature mais aussi au journalisme et notamment au journal *L'Équipe*\* pour le compte duquel il a suivi vingt-quatre Tours de France. Jean d'Ormesson a dit de lui : « Il avait le génie des mots. Il les répandait autour de lui et chacun d'entre nous pouvait apporter sa contribution au grand recueil des farces et attrapes de Blondin. Il les apprivoisait de sa belle écriture, si nette, si régulière, qui ressemblait à celle de Péguy (…) Et quelques lignes de lui nous en apprennent autant sur le pauvre cœur des hommes que de lourds traités de morale et de métaphysique… »

De 1954 à 1982, Blondin écrira pour *L'Équipe* quelque deux cents chroniques dont près des deux tiers seront consacrés au Tour de France. Jacques Laurent a souligné à son propos : « Il était né pour n'être à son aise que dans le chef-d'œuvre qui, pour peu que le génie s'en mêle, est un matériau comme un autre. » Il reste le plus talentueux et prestigieux chroniqueur que *L'Équipe* ait connu.

### ■ Bobet Louison

Né le 12 mars 1925 à Saint-Méen-le-Grand (Ille-et-Vilaine), Louison Bobet a accompli sur son vélo une carrière des plus prestigieuses et s'est bâti un palmarès incomparable. Malgré trois Tour de France consécutifs, le succès chez Bobet fut cependant long à venir. En 1953 seulement, il signera la première de ses victoires. Tourmenté par le Tour de France, il se découvrait chaque matin un adversaire nouveau. La confiance en lui revenait seulement dans le feu de la compétition pour l'abandonner quelques heures après l'arrivée. Sa tournure d'esprit le conduisait à contrôler et à régenter toutes les opérations au cours d'une épreuve, car cet inquiet avait besoin de toujours se révéler à lui-même. Son exceptionnel mérite le contraignit à accomplir sa lente progression dans une période qui réunissait un lot de super-champions comme jamais il n'en avait existé auparavant. Grâce à son labeur incessant, grâce à son organisation méthodique copiée sur celle de Coppi*, il se hissa sur un plan de perfection. Son mérite fut de discipliner ses forces, de refréner ses impulsions, en un mot de corriger ses faiblesses. La France comprit cela très vite. Dès lors et jusqu'au bout, elle décida de donner son cœur à ce jeune Breton qui, dans la souffrance, gémissait comme un enfant mais se battait pour vaincre comme un homme. Il mourut à Biarritz le 13 mars 1983.

### ■ Bonsecours

Lieu de mémoire du Tour de France 1947. Située à la sortie de Rouen, la côte se trouvait placée sur le parcours du Tour lors de la dernière étape Caen-

Louison Bobet, vainqueur du Tour de France 1953, 1954, 1955.

C. V. - 760. - Environs de ROUEN. - BONSECOURS
La Grâce de Dieu

Bonsecours, à la sortie de Rouen, lieu historique sur la dernière étape Caen-Paris du Tour de France 1947.

Paris. Brambilla portait le Maillot* jaune. Robic*, deuxième du classement général à 2'58 du leader, attaqua ce dernier dans cette côte et s'en fut avec le coureur de l'équipe de France Edouard Fachleitner. Il restait 140 km à accomplir. Tous deux s'assurèrent une avance substantielle qui permit à Jean Robic de remporter le Tour de France sans jamais auparavant avoir porté le Maillot jaune. Seul Jan Janssen, en 1968, renouvellera une telle expérience.

### Bordeaux
Ville-étape* quasi incontournable du tracé du Tour de France. Outre Paris, c'est la ville la plus visitée par la Grande Boucle. À 77 reprises, en effet, le Tour y a fait étape contre 55 seulement à la cité de Pau. Ces retrouvailles annuelles avec l'épreuve ne relèvent pas de l'effet du hasard : il s'agit d'une habitude stratégique, d'un élément important dans le scénario pour le déroulement de l'action et la qualité

du spectacle. Quand la course, depuis le départ, s'achemine vers le sud par l'ouest-atlantique, se profile déjà la montagne pyrénéenne symbolisée par les cols d'Au-bisque* et du Tourmalet*. Dans le sens inverse, les concurrents, rassasiés d'escalade, retrouvent le moral quand s'ouvrent au bord de la Garonne les portes de la voie triomphale, jusqu'à l'apothéose parisienne. Longtemps, l'arrivée bordelaise s'est déroulée sur le vélodrome du stade de Lescure, jusqu'en 1979, année où le football absorba l'anneau en ciment. Le Tour émigra alors dans la périphérie du lac, sans omettre de temps en temps de revenir au centre avec arrivée place des Quinconces.

### Campagnolo Tullio
Constructeur de génie, il inventait en 1933 le changement de vitesse et déposait un brevet, le premier d'une longue série. Il créa le procédé d'axes à broches pour débloquer les roues qui remplaça le papillon.

Après que son changement de vitesse a été adopté par le sprinter Rafaele Di Paco, puis par les autres grands coureurs, Campagnolo ne cessa de progresser, surtout au contact de Fausto Coppi*. Il collabora avec les plus grandes firmes automobiles italiennes et inventa, pour la firme Harley-Davidson, un système de freinage révolutionnaire.

Esplanade des Quinconces à Bordeaux qui accueilla de nombreuses arrivées du Tour.

La caravane publicitaire sur le Tour de France 2000.

### ■ CARAVANE PUBLICITAIRE

La caravane a officiellement vu le jour en 1930, année où Henri Desgrange* instaurait les équipes nationales succédant aux équipes de marques. Dès lors, l'organisation du Tour se trouvait confrontée à des dépenses importantes et se voyait contrainte de rechercher le financement correspondant. À côté des subventions demandées aux villes-étapes, était prévu un « droit d'entrée » dans la caravane publicitaire mise en place au départ du Tour 1930. Officieusement, la caravane évoluait déjà depuis cinq ans. L'initiative d'un tel déploiement de voitures hurlant leur « réclame » émanait du responsable de la publicité à la société du chocolat Menier. D'autres firmes avaient emboîté le pas : le cirage Lion noir, La Vache qui rit, puis les apéritifs Pernod et Byrrh, la margarine Astra, la lessive Persil… À la fin des années 30, la caravane publicitaire comprendra 28 véhicules. En l'an 2000, elle a dépassé les 250…

### Chartreuse

Ce massif préalpin français comporte une trilogie composée des cols de Porte, du Cucheron, du Granier et s'étend entre la cluse de Chambéry au nord et celle de Grenoble au sud. Seul le col de Porte, situé le plus près du chef-lieu de l'Isère, fut franchi dès les premières années du Tour : 1907. Emile Georget passa en tête. Les deux autres cols furent inclus dans le profil en 1947, où les trois furent franchis au cours de l'étape Lyon-Grenoble gagnée par Robic*, lequel passa en tête au Cucheron et au col de Porte tandis que Brambilla transitait au premier rang du Granier. La Chartreuse reste aujourd'hui un point de passage obligé du Tour.

### Cinéma

Outre l'utilisation du sport cycliste à l'écran, le Tour de France, spécifiquement, a fait l'objet de tournages de grands films de fiction. Le premier, ayant trait au Tour, fut tourné sur un scénario d'Henri Decoin, en 1926, *Le Roi de la pédale,* à partir de l'odyssée d'un petit groom de l'hôtel Négresco de Nice et à l'aide d'images du Tour 1925. Le populaire acteur Biscot tenait le rôle principal. Decoin réalisa ensuite, en 1928, un second film *La Ronde infernale.* Un autre film fut réalisé en 1939 par Jean Stelli : *Pour le maillot jaune,* sur des dialogues de Jean Antoine et de Jean Leulliot, avec Albert Préjean dans le rôle principal. Les passages de ce film avaient été tournés lors du Tour 1938. Lors de la reprise, en 1947, Marcel Rivet et Jean Stelli réalisent un film policier : *Les Cinq Tulipes rouges.* En revanche, *Le Maillot jaune,* dont l'interprète principal devait être Dustin Hoffman, lequel suivait plusieurs étapes dans ce dessein, en 1984, devait rester à l'état de projet.

---

### ■ CHIFFRES

L'organisation du Tour de France compte aujourd'hui 410 personnes et 200 véhicules, et à l'échelon course un nombre variable de 20 à 22 équipes, soit au maximum 198 coureurs, 265 accompagnateurs et 180 véhicules. Au niveau de la presse, le Tour est suivi par 715 journalistes et 315 photographes/caméramen, 790 techniciens accrédités sur l'ensemble de l'épreuve. Ils représentent 436 titres de presse répartis sur 24 pays, 35 chaînes de télévision* nationales, 20 chaînes de télévision régionales, 40 radios nationales et 50 radios locales. Sur le plan de la caravane publicitaire* on compte 220 véhicules et environ 700 personnes. La famille du Tour de France représente 3 500 personnes environ qui se déplacent chaque jour. Quant à la sécurité du Tour, elle est assurée par 13 000 agents de la force publique (gendarmerie, C.R.S., police urbaine), 44 motards permanents de l'escadron motorisé de la Garde républicaine et une mission de police composée de neuf personnes. On estime par ailleurs que 15 millions de spectateurs se pressent sur la route du Tour de France. Les dotations financières représentent 15 millions de francs de prix et de primes au total.

## ■ Colombie

Dans cette république du nord-est de l'Amérique latine, dont la capitale est Bogota, le cyclisme reste l'un des sports les plus populaires. De nombreuses épreuves y sont organisées tels le Tour de Colombie ou la Classico R.C.N. Les Colombiens se sont affichés dans le Tour de France, pour la première fois, en 1983 – après s'être illustrés dans le Tour de l'Avenir – et l'un d'entre eux, Patrocino Jimenez, passant en tête au sommet du Tourmalet*, devint un seul jour le leader du grand prix de la Montagne. Réputés pour leurs qualités de grimpeurs, ils continuèrent à s'illustrer au Tour de France sous les couleurs du Café de Colombie ou Postobon ou encore au sein de certaines équipes espagnoles ou italiennes. Lucho Herrera en fut le chef de file prestigieux et remporta trois étapes en 1984 (Alpe d'Huez*), en 1985 (Avoriaz et Saint-Étienne). Fabio Parra, pour sa part, en gagna deux en 1985 (Lans-en-Vercors) et en 1988 (Morzine). Il fut, par ailleurs, le premier Colombien à monter sur le podium final du Tour en terminant troisième en 1988. En 1994, on enregistra les victoires de N. Rodriguez à Val Thorens et, en 1996, C. Gonzalès à Valence.

Herrera et Hinault lors du Tour de France 1984.

*Un coup de pistolet dans une jeune matinée d'été ouvre les digues qui maintiennent le fleuve le plus étrange que l'on puisse concevoir. C'est une force qui se libère [...]où les gais maillots précèdent les accessoires du lyrisme publicitaire.*

Pierre Mac Orlan, 1936

# ■ COPPI FAUSTO

Né le 15 septembre 1919 à Castellania (Italie), Fausto Coppi reste l'un des personnages mythiques du sport cycliste. Lorsqu'il fit son entrée dans le monde des professionnels, il apporta à son sport toutes les données qui lui manquaient. La technique fit soudain un bon, la diététique avança de dix ans. Le champion transalpin donnait au cyclisme de nouvelles dimensions, modifiant parfois les données, faisant passer cette discipline de l'état empirique à l'ordre scientifique. Comment avait-il pu apporter à lui seul tant de bouleversements ? Il était grand avec un buste court curieusement cylindrique et des jambes démesurément longues. On le trouvait chétif, angu-

leux, et il présentait un visage émacié dévoré par de grands yeux. Sous cette enveloppe insolite, il dissimulait un organisme représentant l'absolu du cyclisme, avec un rythme cardiaque aux pulsations lentes, une capacité thoracique de 7 litres et des glandes surrénales qui fonctionnaient, selon les médecins, en prise directe sur l'organisme. Dans le domaine des courses, il se heurta en Italie à un grand champion déjà en place : Gino Bartali*. On assista dès lors à une rivalité exacerbée et envahissante qui divisa l'Italie en deux clans rivaux. Si Bartali n'abdiquera jamais, Coppi le dominera au sortir de la guerre malgré les années passées au front ou dans des camps de prisonniers. Athlète exceptionnel, il se montrait aussi ponctuel et précis. Pierre Chany écrivait dans *Arriva Coppi* : « Il quittait le peloton au lieu fixé par lui et s'en allait cueillir la victoire, fut-elle éloignée de deux cents kilomètres. Car il est rigoureusement vrai que Fausto Coppi, une fois évadé de la meute, ne fut jamais rejoint par ses poursuivants dans la période comprise entre 1946 et 1954 (...) Il était devenu le maître absolu de la *squadra* à laquelle il imposait ses vues et sa discipline de fer ; mieux, il était devenu le maître du Tour, qui favorisait celui de ses amis le plus digne d'attention, et qui désignait parfois les régionaux vainqueurs d'étapes ! Il était trop fort. Il avait la possibilité de libérer dans un espace de temps donné un potentiel de force hors de mesure. » En 1959, il accepta une invitation et se rendit aux fêtes de l'indépendance de la Haute-Volta en compagnie d'Anquetil*, Géminiani, Anglade, Rivière. Il en revint malade de la malaria et s'éteignit à l'hôpital de Tortona, le 2 janvier 1960.

*De Bordeaux à Bayonne, je me suis étonné d'être dans cette caravane qui décoiffe les filles, soulève les soutanes, pétrifie les gendarmes, transforme les palaces en salles de rédaction plutôt que parmi ces gamins confondus par l'admiration et chapeautés par Nescafé. Je peux bien dire, mon seul regret est de ne pas m'être vu passer.*

Antoine Blondin,
*L'Équipe* (premier article
sur le Tour de France,
18 juillet 1954)

Ci-contre, photo de Coppi prise lors de la montée de l'Alpe d'Huez 10e étape du Tour de France 1952.
Ci-dessous, Bartali et Coppi au Tour de France 1949.

### ■ Darrigade André

Né le 24 avril 1929, à Narrosse (Landes), ce fut un grand routier-sprinter et un champion de haute qualité. Champion du monde sur route en 1959, champion de France en 1955, vainqueur du Tour de Lombardie 1956... Il se distingua au Tour de France en remportant 22 étapes dont cinq fois l'étape initiale (de 1956 à 1959, puis en 1961). Il ramena également à Paris, à deux reprises, le Maillot* vert du classement par points (1959 et 1961). Il guida les premiers pas tactiques de Jacques Anquetil* (1957). Son palmarès s'embellit également du championnat de France (1955), du Tour de Lombardie (1956), du Critérium national de la route (1959)... Durant sa vie sportive, ce professionnel généreux, venu du cœur des Landes, a préféré le tout ou rien des folles chevauchées « nez dans le vent ». Il avait la générosité et le goût du panache d'un seigneur.

### ■ Départ

Le départ du Tour de France était à l'origine donné de la banlieue parisienne : Montgeron*, Noisy-le-Grand, puis de l'intérieur même de Paris où le départ était souvent officieux. En 1926 fut donné le premier départ de province, à Évian, puis le signal de l'envol fut à nouveau donné de Paris.

L'année 1951 vit le départ une nouvelle fois décentralisé, et le Tour partit de Metz puis de Brest (1952), de Strasbourg (1953), avant de connaître un premier départ à l'étranger, à Amsterdam (1954).

De l'étranger, le premier baisser du drapeau intervint encore à Bruxelles (1958), Cologne (1965), La Haye (1973), Charleroi (1975), Leiden (1978), Francfort (1980), Bâle (1982), Berlin-Ouest (1987), Luxembourg (1989), San Sebastian (1992),'S Hertogenbosch (1996), Dublin (1998).

Le Tour adopte dans l'intervalle les départs de province et à quelques reprises retrouve un envol d'une localité de la banlieue parisienne.

Tour de France 1956, départ de Reims avec l'équipe de France.

*En vérité, je crois qu'il n'existe que trois endroits privilégiés où l'adulte civilisé puisse éprouver sa liberté : un taxi [...], les toilettes [...] et le Tour de France quand la course situable et intouchable nous livre à la plus délectable des solitudes, celle qui est peuplée.*

Antoine Blondin, *L'Équipe*, 1979.

## ■ DÉRAILLEUR

Dispositif servant à modifier le développement en faisant passer la chaîne d'un pignon sur un autre. En théorie, il autorise la variation de la vitesse des roues sans changer la vitesse des jambes, comme le permet le changement de vitesse d'une voiture. Dans la pratique, il n'en est pas tout à fait ainsi. Il permet principalement de donner davantage de puissance dans une montée que sur le plat, à condition de bien savoir choisir le développement qui convient. Il y a longtemps que le problème du changement de vitesse s'est imposé à tous les coureurs. On commença par inventer pour eux le moyeu à double filetage qui autorisait, en retournant la roue, à user de deux développements. Puis, on fabriqua des pignons à double denture. Puis des touristes-routiers commencèrent à utiliser le dérailleur. Ils rejoignaient alors les randonneurs depuis un temps déjà conquis par le changement de vitesse. Mais les as de l'époque refusaient de les imiter. Pourtant, dès 1911, le Stéphanois J. Panel, utilisait le dérailleur. Pour ce qui concerne les champions, ce fut Georges Speicher qui, le premier, sut parfaitement user du changement de vitesse. Dans le Tour de France, son usage ne fut autorisé qu'en 1937. Ce fut une complète réussite. Roger Lapébie gagna à 31,741 km/h de moyenne, faisant accomplir un bon sensible au record de l'épreuve. Mais à l'époque, on n'en était encore qu'aux trois vitesses. Ce n'est que plus tard que le nombre de dentures augmenta sur les roues libres et que fut mis au point le double plateau de pédalier.

À gauche : Orson Welles donnant le départ du Tour 1950.

# ■ DESGRANGE HENRI

Né le 31 janvier 1865 à Paris. Décédé le 16 août 1940 à Beauvallon. Opinion de Géo Lefèvre sur Henri Desgrange dont il fut le collaborateur au journal *L'Auto\** : « Il créa le Tour de France. Il sut – et c'était un exploit – décider Victoire Goddet à ouvrir sa caisse et à consacrer au Tour des sommes énormes pour l'époque. Mais lui-même étudia son affaire pendant les deux premières années, les années de rodage. Puis, quand il fut bien sûr qu'il avait vu juste, il démarra à fond et fit de cet embryon du Tour de France la chose énorme que l'on sait. Il a été un grand créateur, une grande volonté, un grand homme d'action. »

Henri Desgrange fut en effet le créateur du Tour de France, en 1903. Auparavant il avait fondé *L'Auto-Vélo*, qui deviendra *L'Auto* en 1900. Ancien clerc d'avoué, il créa, outre le Tour de France, de nombreuses épreuves cyclistes et s'était auparavant distingué en établissant des records sur la piste dans la période comprise entre 1893 et 1895 : kilomètre arrêté (1'37) et record de l'heure (35,325 km), ces deux records étant établis la même journée. Il est l'auteur d'un livre intitulé *La tête et les jambes,* qui traite de l'entraînement des coureurs cyclistes. Il mourut en août 1940, à Beauvallon, dans le Var.

Comment définir le personnage au-delà de ce trait de caractère ? Marcel Bidot, excellent coureur de la fin des années 20 puis directeur sportif de l'équipe de France, l'a défini dans *L'Équipe\** *Magazine* : « Il aimait les coureurs et les suivait, seul, dans sa voiture à l'arrière du peloton. Rien ne pouvait lui échapper. C'était un passionné et un patron qui ne tolérait aucune contestation. Il n'était jamais à court d'idées car il craignait que le

*Jacques Goddet n'a cesse d'améliorer le Tour qu'il a reçu de Henri Desgrange. Dernier des troubadours, il chante le Tour comme un roman d'aventures.*

Jean Cocteau

*C'est grâce au Tour de France que j'ai appris la géographie et découvert le visage de mon pays (…) Je ressens toujours une grande tristesse quand on approche du 23 juillet, car le Tour va s'achever.*

Erik Orsenna

Tour s'enlise dans la routine, et cela débouchait parfois sur des formules un peu bizarres. Il avait créé la catégorie des touristes-routiers. Des individuels qui devaient se débrouiller tout seuls. Desgrange les aimait bien car ils foutaient la pagaille dans la course. Il organisait des départs différés et l'on avait tellement peur de se faire rattraper par les touristes-routiers qu'on devait rouler à bloc toute la journée ! »

À gauche Henri Desgrange entre Bartali et son coéquipier Camusso. Ci-dessus : Henri Desgrange.

# ■ DOPAGE

L e terme a succédé au mot *doping* du verbe anglais *to dope.* Une autre explication indique que le terme de *doping* est dérivé du flamand *doop* qui désigne tout mélange ou mixture employé comme lubrifiant et excitant. D'autres historiens parlent de *dop* ou *dope,* qui serait issu d'un dialecte bantou d'Afrique du Sud et qui désignait une boisson initiatique aux extraits de kola, d'alcool et de venin de papillon. L'usage des substances dopantes est fort ancien. Depuis toujours, dans un but de facilité, l'homme tend à se surpasser sans effort. En 1889, le mot *doping* apparaît en Angleterre et désigne une mixture opiacée et analgésique qui aurait cours dans les milieux hippiques. Aux Etats-Unis, les courses cyclistes de « 6 jours », comme celles de Washington, New York, Boston, Adelaïde, donnent lieu chez les concurrents à des prises de caféine et de morceaux de sucre imbibés d'éther. Dans *La tête et les jambes,* dont la première édition paraît en 1894, Henri Desgrange* évoque les stimulants et – dans ses propos – proscrit l'utilisation de la kola ou du coca.

Le tout premier contrôle antidopage sur le Tour de France eut lieu en 1966 à Bordeaux*, au soir de la huitième étape. Six coureurs sont contrôlés dont Raymond Poulidor*. Un conseiller du ministère des Sports, un médecin bordelais, un officier de police judiciaire et un employé de laboratoire interviennent, faisant ouvrir les valises et recherchant des traces de piqûres sur les bras des coureurs. Le lendemain, peu après le départ, le peloton tout entier met pied à terre aux fins de protestation. Un nouveau contrôle aura lieu quelques jours plus tard à Revel. Les résultats ne sont connus qu'une fois le Tour terminé : sur douze coureurs ayant subi les contrôles, six sont déclarés positifs.

En 1967, au sommet du mont Ventoux*, la mort de Tom Simpson, au cours de l'étape Marseille-Avignon du Tour de France, relance la lutte contre le dopage. La Fédération française de cyclisme institue le contrôle antidopage. Faute de crédits suffisants de la part du ministère des Sports, la situation reste en l'état. Et pourtant la lutte s'intensifie de la part

des pouvoirs publics et de la méde-
cine officielle. Mais le dopage continue malgré tout à s'amplifier, les
apprentis-sorciers ayant toujours une
longueur d'avance sur les pouvoirs en
place. Il faudra l'affaire « Festina » pour
révéler au grand jour le mal profond
qui gangrène le sport cycliste. L'un
des soigneurs de la formation Festina
qui s'apprête à prendre le départ du
Tour 1988 en Irlande est arrêté à la
frontière franco-belge. Dans sa voiture, les douaniers découvrent une
quantité impressionnante d'EPO ou
érythoproiétine, molécule dont

l'action augmente le taux de globules
rouges, donc le transport de l'oxygène dans les tissus et la capacité à
l'effort. C'est le début d'une gigantesque affaire qui révélera un dopage
organisé au sein de l'équipe Festina.
Le sport cycliste en général en sortira
éclaboussé et discrédité…

Jean-Marie Leblanc, Jean-Pierre Courcol,
président du directoire des éditions Amaury,
et Patrick Clerc, président d'Amaury Sport
Organisation.

L'exploit du jour : Greg LEMOND

Coca-Cola
BOISSON OFFICIELLE DU TOUR DE FRANCE

# INOUBLIABLE !

Le Tour 1989 a connu un dénouement sensationnel et dramatique. Pour huit secondes (le plus faible écart jamais enregistré), Greg Lemond l'a gagné aux dépens de Laurent Fignon.   (Pages 2 à 9)

90e... en 24 km : c'était impossible, mais Greg Lemond l'a pourtant fait !

### Victoires

HUIT secondes ! Moins de 100 mètres ! Le final du Tour 1989 restera inoubliable. Incroyable conclusion d'un Tour censu en un col peut-être tous les vingt ans. Ce fut le Tour de toutes les rivalités. Avec beaucoup de vainqueurs.

Naturellement, il y a d'abord Lemond, mais il y a aussi Fignon, tous deux douramant indissociables. Leurs trajectoires, pour des raisons différentes, avaient eu de commun, un idée rassemblant depuis quelques années à une lutte bruée. Personne ne pouvait parier qu'ils retrouveraient leur place en haut de l'affiche 2 ont fait. Le peloton vient de s'enrichir de deux sociétés-nouveaux grands champions. Bonne, très bonne nouvelle.

Il y a ensuite le Tour lui-même, le vrai véhicule, qui a retrouvé sa virginité, surtout son image, conforté son leadership dans le calendrier cycliste et peut prétendre, plus que jamais, à sa vocation d'incomparable. Le Tour a fait un tabac. Il est situé prime, plus fort, plus affluent que jamais. Revanche sensible bien, pour le sport cycliste tout entier, qui pourra marquer cette année, le juillet d'une pierre jaune.

Le Tour 1989 a d'ailleurs rappelé la victoire du sport. Celui-ci, ces derniers tiers, a subi trop de deficites, de coups bas, de coups durs, il a trop vécu d'affaires et trop peu d'éclaboussures pour ne pas se sentir soulé à nerf, vorille terreux, portelé par ces trois semaines de grand soleil, d'explicite et de ferveurs quotidiennes.

Le Tour de France a fait basculer le sport du bon côté. Le plus dur, maintenant, va être d'y rester.

Noël COUEDEL

---

## ■ ÉQUIPE (L')

Ce quotidien sportif dont le premier numéro parut le 28 février 1946, est le successeur de *L'Auto\** dans l'organisation du Tour de France. L'inspirateur du nom est Jacques May, présent auprès de Henri Desgrange\* et de Victor Goddet depuis l'origine du journal *L'Auto*. Les capitaux nécessaires à la sortie de *L'Équipe* furent réunis par Jacques Goddet\*, et les personnalités garantes se nommaient Pierre-Louis Dreyfus, Patrice Thominet, Roger Roux, Maurice Henry, Jean Lafitte... Après une fusion avec le journal *Élan*, *L'Équipe* passa le cap des 100 000 exemplaires. Peu de temps après, Émilien Amaury proposa à Jacques Goddet de placer le *Parisien libéré* comme candidat à l'organisation du Tour, conjointement avec *L'Équipe*. Une société nouvelle vit le jour. Parmi les organisateurs se trouvait désormais Félix Lévitan\*, chef des services sportifs du *Parisien libéré*, qu'Émilien Amaury avait tenu à placer auprès du directeur de *L'Équipe*. Les ventes de *L'Équipe* s'élèvent aujourd'hui à plus de 800 000 exemplaires. En partant de ce chiffre\* des ventes, on peut considérer que c'est plus d'un million de personnes qui chaque jour lisent *L'Équipe* pendant la durée du Tour de France. Le journal appartient au groupe de presse Amaury.

Le quotidien *L'Équipe* du 24 juillet 1989 consacre sa Une à la victoire de Greg Lemond.

### Étapes

D'année en année, le Tour de France compte un certain nombre d'étapes : de 22 à 23. La longueur des étapes a connu beaucoup de fluctuations dans l'histoire. La première étape Paris-Lyon, du premier Tour de France, comptait 467 km. La plus longue fut cependant Les Sables d'Olonne-Bayonne (482 km). Parmi les autres grandes distances, on peut également retenir Brest-La Rochelle (470 km). Au chapitre des plus petites, en ligne, le tronçon Luchon-Superbagnères comptait 19,6 km, en 1971, et Royan-Saintes 37 km, en 1937.

### Extra-sportifs

À la fin de l'année 1953, en Italie, le prestigieux coureur Fiorenzo Magni se trouvait soudain confronté à un dilemme : abandonner le sport cycliste en raison du retrait de sa firme (Willer-Triestina), ou créer un groupe subventionné par une marque de publicité. La crème de beauté Nivea se positionnait alors sur le marché, et Magni devint le premier homme-sandwich de l'histoire du cyclisme qui se trouvait, paradoxalement, partout, à un tournant. Les marques de cycles qui, jusque-là, avaient été les seules à bénéficier du tremplin publicitaire représenté par les compétitions, traversent une période difficile. Beaucoup penchent vers la faillite, entraînant l'infrastructure cycliste à leur suite. La saison 1954 continue à précipiter les marques de cycles vers l'abîme. Raphaël Géminiani a compris le danger. À la fin de 1953, alors qu'il portait sur les épaules le maillot de champion de France, il a été licencié par la firme Rochet. L'Auvergnat se tourne alors

vers un petit constructeur de Montluçon qui lui confectionnera des vélos à son nom. Dès lors il conçoit un projet astucieux. Parce que son prénom est l'homonyme d'une marque d'apéritif, il rend visite à la société Saint-Raphaël-Quinquina, laquelle dispense beaucoup de publicité dans le domaine sportif.

Le responsable de ce secteur, M. Thomas, homme actif et réaliste, mesure très vite les avantages publicitaires qu'il pourrait tirer des pelotons dont les coureurs seraient vêtus de maillots* portant le nom de la marque. L'initiative n'est pas du goût des constructeurs de cycles mais Géminiani va trouver un allié en la personne du président de l'Union cycliste internationale, le Français Achille Joinard, qui se rend compte de quel côté désormais le vent va tourner.

Il entrouvre la porte à l'équipe Géminiani-Saint-Raphaël. Elle ne se refermera plus.

Double page suivante : image du peloton.

Carte du Tour de France 2001.

Albert Londres, (1884-1932).

## ■ Forçats (de la route)

En 1924, *Le Petit Parisien* proposait au grand reporter Albert Londres, qui venait de s'illustrer par des articles sur le bagne de Cayenne notamment, de suivre le Tour de France. Le célèbre journaliste accepta et donna libre cours à sa verve au fil des étapes. L'ensemble de ses chroniques porta le nom de *Forçats de la route* – titre déjà utilisé en 1913 dans *L'Auto*\*. L'article le plus «légendaire» fut celui du 27 juin 1924, intitulé : «L'abandon des Pélissier\* ou les martyrs de la route ». Cette chronique, très controversée, servit aux irréductibles frères Pélissier à vider leur querelle avec le patron du Tour Henri Desgrange\*. Albert Londres y mêla

Parc du Futuroscope, cinéma à 360° projetant les images du Tour de France.

sa verve et la légende eut le dernier mot. Le grand écrivain ne participa qu'une seule fois au Tour et disparut dans le naufrage du paquebot *Georges Philippar,* le 16 mai 1932.

## Futuroscope

Enclave du troisième millénaire située au centre du département de la Vienne, à 8 km de la ville de Poitiers, ce parc a été conçu par le conseil général de la Vienne, présidé par M. René Monory, pour être un parc à thème sans équivalent qui transporte les visiteurs au cœur des images. Il occupe un site de plus de 120 ha sur les communes de Jaunay-Clan et de Chasseneuil, et fait une large place au 7ᵉ art dont il présente les techniques les plus évoluées du cinéma* en relief notamment, à la projection circulaire à 360° qui place le spectateur au centre de l'action, au cinéma dynamique avec effet de mouvement, aux écrans géants d'une taille de trois courts de tennis. Le visiteur n'est plus un spectateur ordinaire. Il n'est plus face à l'image mais dans l'image. Le Tour de France a fait étape au Futuroscope à huit

reprises, la première fois en 1986 (1ᵉʳ Sarrapio) et la dernière en 2000, où fut donné le grand départ du Tour (1ᵉʳ étape remportée par David Millar) tout comme en 1990.

## Galibier

Situé à 2 645 m d'altitude, ce col fut franchi pour la première fois victorieusement par Émile Georget le 10 juillet 1911, au cours de l'étape Chamonix-Grenoble. La route met en communication la Maurienne et l'Oisans avec la vallée de la Durance. Le versant nord est le plus difficile : 19 km à 6,8 %, avec des passages à 13 % dans le secteur du Plan Lachat. La fermeture du tunnel et la construction d'une nouvelle route ont porté son altitude de 2 556 à 2 645 m. Ce col constituait l'acte d'adoration de Henri Desgrange*, qui écrivait dans *L'Auto*: « Ô Sappey ! Ô Laffrey ! Ô col Bayard ! Ô Tourmalet ! Je ne faillirai pas à mon devoir en proclamant qu'à côté du Galibier, vous êtes de la pâle et vulgaire "bibine" : devant ce géant, il n'y a plus qu'à tirer son bonnet et saluer bien bas. » C'est au Galibier qu'a été édifié

Maurice Garin, O. Plattner et Koblet en 1953.

le monument Henri Desgrange que l'on doit au sculpteur Bertola, grand prix de Rome. Il fut inauguré le 19 juillet 1949 lors du passage du Tour.

### ■ Garin Maurice

Premier vainqueur du Tour de France en 1903, un an plus tard il terminait encore en tête, mais cette année-là les quatre premiers de la course furent déclassés. Né à Arvier (Italie) le 23 mars 1871, on l'avait surnommé « le Petit Ramoneur », car il pratiquait ce métier qui lui apporta sa subsistance et sa robustesse. Ayant opté pour la nationalité française, il se découvrit doué pour le cyclisme. Il mesurait 1,65 m et pesait 61 kg mais il était animé d'une énergie farouche et sa résistance à la fatigue était extraordinaire. Garin brille d'emblée sur la route et sur piste. Il gagne Paris-Roubaix en 1897 et 1898, Paris-Brest-Paris en 1901, Bordeaux-Paris en 1902... Son apogée se situe en 1903. Il triomphe dans le Tour de France en couvrant les 2 428 km à 25,679 km/h de moyenne et empochant trois des six étapes. Après sa carrière, il ouvrira un garage, rue de Lille à Lens (Nord) et s'éteindra dans cette ville le 18 février 1957.

### ■ Goddet Jacques

Né le 21 juin 1905 à Paris où il est décédé le 15 décembre 2000, il a été à la fois acteur et témoin, organisateur et journaliste de plusieurs grands événements sportifs du siècle. 54 Tours de France, 12 Jeux olympiques d'été et autant de Coupes du monde de football sont à inscrire au crédit de cet homme de presse.

Jacques Goddet : 54 Tours de France, 12 Jeux olympiques et autant de Coupes du monde de football.

En 1928, après des études en Angleterre, Jacques Goddet fait

sa première apparition sur le Tour de France, épreuve organisée par le journal *L'Auto\** que son père a fondé avec Desgrange\* en 1900. De simple observateur de la Grande Boucle, il en devient le directeur par intérim en 1936. Il retrouve sa fonction directoriale après la guerre alors que vient de se créer le quotidien sportif *L'Équipe\**. Il devient alors co-organisateur du Tour de France organisé dans un premier temps par la société du parc des Princes. Puis *L'Équipe* ne pouvant supporter seul la charge de l'organisation, le choix de Goddet se porte sur *Le Parisien libéré*, successeur du *Petit Parisien*, dont Félix Lévitan\* dirige la rubrique sportive.
À la fin des années 80, Jacques Goddet se décide à prendre ses distances avec le Tour tout en gardant une attention permanente et aiguisée sur tout ce qui l'entoure. Casque colonial et

*Le Tour de France possède le défaut majeur de diviser un pays, voire le plus petit hameau, jusqu'aux familles, en deux fractions rivales (...) Je sais un homme qui s'est saisi de son épouse et l'a maintenue, assise et jupe relevée, sur la grille d'un réchaud allumé pour la punir des sentiments qu'elle portait à Jacques Anquetil, alors qu'il admirait Raymond Poulidor. L'année suivante, la femme était devenue « poulidoriste », mais trop tard, le mari avait reporté sa préférence sur Gimondi ! Aux dernières nouvelles, le ménage s'obstine dans la vie commune, mais les voisins s'en plaignent.*

Pierre Chany

*Mon premier Tour de France date de 1952 et je chantais alors pour le compte d'une grande marque d'apéritif dont la vedette n'était autre que Tino Rossi. Notre spectacle connut un succès prodigieux et je puis dire que c'est au Tour que je dois d'avoir été lancée.*

Annie Cordy

Jacques Goddet
en 1934.

tenue kaki, démarche accélérée et sourire engageant, « c'était un combattant du sport, chef d'orchestre et troubadour », écrivait l'historien Serge Laget. Il vivait intensément pour le journalisme et le sport.

### ■ Hinault Bernard

Né le 14 novembre 1954 à Yffiniac (Côtes d'Armor), il fut le champion de sa génération et remporta à cinq reprises le Tour de France. Il s'était révélé en 1977 en remportant Gand-Wevelgem et Liège-Bastogne-Liège, et ce dernier succès l'installait dans la cour des grands. On savait dès lors qu'il existait un petit Breton turbulent, obstiné et surtout sans complexe, capable de s'imposer à l'échelon international. Il remporte son premier Tour de France en 1978, alors qu'il vient de remporter le Tour d'Espagne. En 1979, il gagne son deuxième Tour après un beau duel avec le Hollandais Zoetemelk, tandis que l'année suivante une tendinite le contraint à se reti-

rer à l'issue de l'étape de Pau. Il prend alors une éclatante revanche en devenant champion du monde sur le circuit de Sallanches. Il gagnera ensuite le Tour en 1981 et 1983 avant de subir une intervention chirurgicale au genou droit. En 1985 il effectuait un *come-back* unique en son genre en remportant à nouveau le Tour de France qu'il avait dû laisser dans l'intervalle à son ancien équipier Laurent Fignon. Il promet alors qu'en 1986, il reviendra au Tour pour aider son coéquipier Greg Lemond à l'emporter. Le plan est exécuté à la lettre. Il rappelait Merckx* par son goût du panache et ne laissait rien d'inachevé. S'il portait une critique sévère à l'encontre d'une course – Paris-Roubaix, par exemple – en raison de son profil périlleux, il s'efforçait de la gagner afin qu'on ne l'accuse pas d'un certain dépit. Il était obstiné, têtu mais fut tellement animé de bravoure qu'il en devenait définitivement attachant.

Bernard Hinault et Lance Armstrong au Tour de France 1999.

### ▨ Iles

La France est bordée de nombreuses îles. Outre les étapes du Tour en Angleterre* et en Irlande, l'épreuve n'a fait halte qu'une seule fois dans une île de France : l'île d'Oléron au terme de la 7ᵉ étape de l'édition 1983 (victoire du Florentin Riccardo Magrini). À noter que le Tour aborda également l'île de Noirmoutier à deux reprises, lors du passage du Gois (1993 et 1999).

*Un jour j'ai eu le bonheur de monter sur le vélo de
Louison Bobet ; c'est comme si on m'offrait la plume
d'oie de Chateaubriand.*

L. Nucera

Passage du Gois
lors de l'étape
Challans-Saint-
Nazaire, Tour
de France 1999.

## ■ Indurain Miguel

Cet Espagnol, né près de Pampelune, en pleine Navarre, le 16 juillet 1964, figure dans le « club des quatre » à avoir remporté le Tour de France à cinq reprises. Professionnel à l'âge de 20 ans, il signait son premier coup d'éclat le printemps suivant, devenant le plus jeune leader de l'histoire du Tour d'Espagne. Dans son équipe, il ne connaît qu'un seul chef : Pedro Delgado. Il « grandit » dans l'ombre de grands champions comme lui, en démontrant toujours un excellent état d'esprit et arrive à maturité sans avoir présumé de ses forces. Au Tour 1990, il se métamorphose. Après avoir roulé très fort pour Delgado, il se confie au directeur sportif Echevarri. « Cette course, lui dit-il, je peux la gagner ! » Et l'année suivante il prend le pouvoir sans jamais avoir trahi quiconque. Sa force et sa droiture lui assurent le respect de tous. Il gagnera le Tour consécutivement de 1991 à 1995. La pre-

mière fois tout se jouera dans l'étape pyrénéenne Jaca-Val-Louron, lors de laquelle il endosse le premier Maillot* jaune de sa carrière. En 1992, il réalise une étape phénoménale contre la montre, à Luxembourg. En 1993, il mate le Suisse Tony Rominger malgré un état grippal tenace. En 1994, il domine encore Rominger contre la montre, le laissant à deux minutes dans l'étape de Bergerac. Enfin, en 1995, il tente un coup de force sur les routes wallonnes dans l'étape Charleroi-Liège et l'emporte au classement final sans commettre une seule erreur tactique. Comme par un clin d'œil du destin, il aura fallu qu'il connaisse sa plus cruelle défaite le jour où le Tour 1996 arrivait chez lui à Pampelune. Il s'aperçut cependant qu'il n'était pas aimé seulement pour ses victoires mais pour son allure et la façon dont il se montrait le meilleur ambassadeur de son pays.

Miguel Indurain, portant le Maillot jaune et brandissant le trophée du 78e Tour de France, sur le podium des Champs-Élysées le 28 juillet 1991.

Indurain en jaune à La Bourboule, lors du Tour 1992.

Jesus Loroño dans la « Casse-Déserte », col de l'Izoard, Tour de France, 1953.

### ■ Isolés

Catégorie de coureurs du Tour qui a vu le jour en 1909 et dont la présence s'est poursuivie jusqu'à la Première Guerre mondiale. Le premier victorieux des « Isolés » fut, en 1909, Ernest Paul, qui termina à la 6e place. Le coureur isolé constituait un peu le pestiféré du Tour de France. À l'examen des observations essentielles de son statut, on comprend les difficultés qu'il pouvait éprouver. Rappelons quelques points du règlement :

1 - Les coureurs doivent courir toute la course sur la même machine.

2 - Les coureurs isolés ne doivent en rien profiter de l'organisation des coureurs groupés.

3 - Les coureurs isolés ne peuvent se grouper en vue des soins communs.

4 - Les coureurs isolés, montant la même marque, ne peuvent aux étapes descendre à plus de deux dans le même hôtel...

### ■ Izoard

L'un des plus hauts lieux du Tour de France. Ce col mythique, situé dans les Hautes-

Alpes, culmine à 2 361 m d'altitude et constitue le passage entre le Queyras et le Briançonnais. Il fut escaladé pour la première fois au Tour de France 1922, et Philippe Thys* en fut le premier vainqueur. Au lieudit La Casse-Déserte, peu avant le sommet par le versant sud, on peut s'arrêter devant les plaques de marbre portant les effigies de bronze de Coppi* et de Bobet* scellées dans le rocher qui s'inscrit dans un décor lunaire où Antoine Blondin* écrivait «Rien n'y pousse sauf des coureurs qu'on pousse et produisent des amendes». Sur ce col s'écrivent quelques-unes des plus belles pages du cyclisme.

### ■ Koblet Hugo

Le chansonnier Jacques Grello le baptisa : « Le Pédaleur de charme ». Cet apollon, véritable coqueluche des cœurs féminins et modèle envié dans le monde du vélo, fut dans le Tour de France le champion complet, débordant de panache et dominant sur tous les terrains. Dans le Tour 1951 qu'il remporta, tous les suiveurs furent frappés, non seulement par sa classe naturelle et l'aisance de son

La "Casse-Déserte", plaques de marbre en hommage à Fausto Coppi et Louison Bobet.

Hugo Koblet,
(1925-1964).

coup de pédale, mais encore par son élégance raffinée, sa distinction, sa courtoisie et son esprit chevaleresque. À chaque arrivée d'étape, il procédait à une toilette rapide sur la ligne d'arrivée, se lavait le visage et se peignait avec application grâce à la petite éponge et au peigne qu'il dissimulait dans son maillot.

Né le 21 mars 1925, à Zurich, il remporta la première victoire étrangère au Tour d'Italie, en 1950, avant de remporter le Tour l'année suivante. Il accomplit une carrière courte, mais quelle carrière ! Tous ses rivaux furent éclipsés et, quand il apparut, tout ce que le cyclisme comptait de grand devint soudain ridiculement petit. Il ne parvint cependant pas à réussir sa reconversion et sa vie prit fin tragiquement dans un accident de la circulation, en novembre 1964.

### ■ Kubler Ferdi

Né le 24 juillet 1919 à Adliswill, dans le canton de Zurich, il reste le symbole de la grande vedette du cyclisme suisse de la fin des années 40 à la fin des années 50. Le Tour de France le vit remporter de belles étapes dès la reprise, en 1947, puis en 1949. On ne le pensait cependant pas suffisamment manœuvrier pour pouvoir un jour inscrire son nom au palmarès de la

Grande Boucle. On se trompait. Il le prouva en 1950, en s'imposant de belle manière après les incidents de Pau-Saint-Gaudens (Bartali* se retira de l'épreuve prétextant avoir été frappé par des spectateurs). Porteur du Maillot* jaune, ce fantasque s'assagit comme par enchantement et défendit avec acharnement sa position privilégiée dans les Alpes. Alors qu'au début du Tour il avait remporté l'étape contre la montre Dinard-Saint-Brieuc, il se mit hors d'atteinte de ses adversaires dans le deuxième effort solitaire de la course, à Saint-Étienne. Au parc des Princes il possédait près de 10' d'avance sur le deuxième Stan Ockers. En 1954, il se classa deuxième, battu par Louison Bobet* mais, à défaut de « casaque jaune », il ramena à Paris le Maillot* vert du classement

Ferdi Kubler,
Tour de France
1949.

Félix Lévitan lors du Tour de France 1982.

par points. Entre-temps, il avait gagné de haute lutte le titre de champion du monde sur route, à Varèse. Il se retira en 1957. Pendant plus d'une décennie, il avait été l'un des personnages les plus marquants du peloton.

### ■ Leblanc Jean-Marie

Né le 28 juillet 1944 à Nueil-sur-Argent (Deux-Sèvres), directeur de la société du Tour de France, il fut avant cette fonction coureur cycliste professionnel dès 1967. Son palmarès s'orne du prix d'Aix-en-Provence en 1968, du circuit d'Armorique en 1969, du circuit du port de Dunkerque en 1971. Il accomplit à deux reprises le Tour de France : 1968 (58ᵉ) et 1970 (83ᵉ). Il devint ensuite journaliste à *La Voix du Nord* puis à *L'Équipe*\* où il accéda quelques années plus tard à la responsabilité de la rubrique cycliste. Fin 1988, il était nommé directeur des compétitions de la société du Tour de France et dirigera son premier Tour en 1989.

### ■ Lévitan Félix

Né le 12 octobre 1911, journaliste sportif dès 1928, il était en 1962 directeur général, fondateur des revues mensuelles des Éditions sportives françaises, rédacteur en chef, directeur des services sportifs du *Parisien libéré* et membre du conseil d'administration du quotidien de 1978 à 1987. Il occupa également les fonctions de directeur-adjoint du Tour de France, puis directeur-gérant de la société du Tour de France de 1962 à 1987. En quelques années, Félix Lévitan s'était imposé comme l'un des personnages essentiels de cette machine « Tour de France » qu'il dut quitter contre son gré en 1987.

### ■ Maillot

L'emblème du Tour de France reste bien entendu le Maillot jaune, créé en 1919. Le Maillot vert quant à lui honore le leader du classement général par points. Il est apparu en 1953, année du cinquantenaire de l'épreuve. Le premier lauréat en fut le Suisse Fritz Schaer. Ce maillot doit sa couleur à l'enseigne des magasins de son donateur : La Belle Jardinière. Le Maillot à pois fut beaucoup plus tardif, puisqu'il n'apparaît qu'en 1975 sous l'impulsion d'un sponsor, à savoir le chocolat Poulain. Il distingue le leader du grand prix de la Montagne. Mais les maillots des coureurs du Tour ont subi beaucoup de changements depuis l'origine. L'ancien maillot, apparu avant la guerre, donnait aux coursiers une rare élégance, quoique son taux de pénétration dans l'air laissât quelque peu à désirer. En laine, puis en « rovyl » – matière qui servait à confectionner les sous-vêtements –, il est entré dans la légende par la qualité de ceux qui l'ont porté. Il s'agissait alors des couleurs nationales, et les coureurs nouaient sur un tel maillot un boyau de rechange. Une étroite bande de coton blanche plaquée sur la poitrine témoignait discrètement de la marque du sponsor du coureur en dehors du Tour : La Perle, Mercier, Helyett... Au tout début des années 60, une fermeture

Éclair remplaçait désormais les boutons et un col rond, légèrement montant, se substituait au col-chemisier. Bientôt la large poche doublement boutonnée disparaîtra à son tour. En 1970, Merckx* s'emparera du Tour dans la même tenue que Jacques Anquetil*, neuf ans auparavant. Toutefois, les initiales H. D. du père du Tour – Henri Desgrange* – ont quitté la poitrine du Maillot jaune pour aller sur la manche. Une marque de fabrique et un sponsor apparaissent sur la fameuse tunique. Bernard Hinault* va vivre le transfert du peloton dans le champ du synthétique. Au début des années 80, l'acrylique des maillots se révèle mal adapté à l'abondante transpiration des coureurs. Très vite de nouvelles méthodes d'impression apparaissent avec des matières telle le dropnyl ou l'hélanca, dont on confectionne les maillots de bain. Puis le lycra offrira aux coureurs la légèreté, l'aération, l'absorption et la fluidité. De nouvelles méthodes d'impression vont permettre toutes les fantaisies tel le maillot ou le cuissard fluo.

Cédric Vasseur portant le Maillot jaune, entre l'allemand Erik Zabel portant le Maillot vert du meilleur sprinter et Laurent Brochard avec le Maillot à pois du meilleur grimpeur. Photo prise le 14 juillet 1997.

## ■ Merckx Eddy

Né le 17 juin 1945 à Meensel-Kiezegem, Eddy Merckx reste le plus grand de tous par ses performances et par son emprise sur le monde du cyclisme. Il a, en vérité, tout gagné et un peu comme il l'a voulu. L'adversaire courbait l'échine, résigné. Son esprit d'initiative joint à sa grande classe déroutaient l'adversaire qui ne pouvait que surseoir à ses attaques imprévisibles sur n'importe quel théâtre, que ce soit les pavés du Nord, les cols alpestres, pyrénéens ou tout simplement sa façon bien à lui d'amener les rivaux sur son propre terrain. Il allait ainsi jusqu'au bout de lui-même. Lorsqu'il prenait le départ d'une course, il n'était pas rare de le voir attaquer dès le coup de pistolet du starter. Il a mené ainsi à son terme des opérations suicidaires. C'était beau et grand. On ne lui en demandait pas tant ; mais il était Eddy Merckx, homme de grand talent. On le surnommait le « Cannibale » parce qu'il gagnait beaucoup. Il considérait que s'il était présent le public n'aurait pas toléré de sa part une prestation médiocre, et sa soif de victoires ne constituait rien d'autre que ce que le public attendait de lui. C'est en cela que ses performances honoraient le cyclisme, car les nombreuses courses remportées n'étaient pas le fruit du labeur d'autrui mais bien des décisions et d'une fatigue assumées par lui-même. Chez Merckx, pas de tactique astucieuse, par de camouflage, de fausses déclarations, d'incidents factices. Dès les premiers kilomètres, souvent, ses adversaires les plus avertis savaient à quoi s'en tenir. Son palmarès s'orne autant de courses en ligne que

de courses à étapes. Tout demeure impressionnant chez Merckx. Il restituait au cyclisme sur route son véritable sens et sa véritable dimension. Il bousculait soudain le contexte des courses trop souvent livrées au jeu des calculateurs et d'un peloton condamné à une sorte d'embourgeoisement.

Au Tour de France, il signera cinq succès, et sa première victoire constitua une marche triomphale. Il réalisa notamment un véritable festival dans l'étape Luchon-Mourenx, qui permit à Jacques Goddet* de titrer dans *L'Équipe* * : « Merckxissimo » pour désigner le triomphateur du jour. À 24 ans, on pensait qu'il aurait pu payer sa trop folle prodigalité. Au contraire, insensible à la canicule, il écrasa le Tour de sa classe folle et Blondin* le gratifia de « Dandy de grand chemin »…

La recette d'Eddy Merckx, champion de tempérament bien plus que champion de style, se résumait en ces quelques mots : « S'entraîner régulièrement et durement, bien se connaître et bien connaître son matériel. Faire la course en tête pour rester maître de son rythme et user l'adversaire. » Quand il avait battu tout le monde, Merckx s'acharnait encore à vouloir battre… Merckx.

## ■ Mont Saint-Michel

Le Mont Saint-Michel est la plus petite commune (90 habitants) touchée par la grâce du Tour de France. La victoire revint, au sprint, en 1990 au Belge Museeuw, au terme d'une étape partie de Nantes. Mais elle n'est pas la seule : en 1982, Fontaine-au-Pire, village du Nord de la France, entra dans l'histoire du Tour. Alors que la localité devenait la plus petite

Eddy Merckx en 1969.

commune recevant le Tour de France, au cours de l'étape Orchies : Fontaine-au-Pire (contre-la-montre, par équipe) la course fut arrêtée par les ouvriers en grève d'Usinor-Denain. L'étape fut donc annulée (remplacée quelques jours plus tard par le tracé Lorient-Plumelec). Les organisateurs revinrent à Fontaine-au-Pire, l'année suivante et l'étape fut remportée par l'équipe Coop-Mercier.

### Montgeron

Lieu de départ de la première étape du premier Tour de France, en 1903. Cette localité ancrée à l'époque dans le département de Seine-et-Oise s'était acquise une certaine réputation dans le domaine du cyclisme. De nombreuses manifestations s'y tenaient le dimanche ayant pour enjeu les grandes lignes droites qui menaient à Melun. Une grande course, dite de «l'Éventail», de Paris à Toulouse, est partie de Montgeron le 15 juillet 1900 avec douze participants. À ce point que d'après *Le journal de Brunoy* du 23 juin 1901 : «La vie à Mont-

geron serait agréable s'il n'y avait le dimanche des cyclistes qui sont de vrais énergumènes.» Le 1er juillet 1903, il n'y a pas la grande foule au quartier du Réveil-matin, devant le café du même nom, à l'intersection des routes de Melun et de Corbeil. Tout au plus quelque 100 à 200 personnes. Il fait très chaud et le principal bénéficiaire de l'opération s'appelle Émile Renard, cafetier du lieu. Il est 15 h 16 lorsque Georges Abran, le starter «œil égrillard, barbe de faune, canotier, chemise blanche et col dur, lesté de quelques pernods pris à la terrasse du café-restaurant», agite le fanion aux couleurs de *L'Auto\**. Les 60 concurrents prennent leur élan en direction de Draveil et Melun. Le Tour de France est parti.

### Mourenx-Ville-Nouvelle

Localité du département des Pyrénées-Atlantiques, dans l'arrondissement de Pau. Il s'agit ici non pas du bourg né au XIVe siècle mais de la ville nouvelle, située à trois kilomètres et qui est sortie de terre

Montgeron, Au Réveil Matin, où fut donné le départ du Tour de 1903.

Ci-contre, le Tour de France au pied du Mont-Saint-Michel.

Quelques spectateurs dans la station d'Orcières-Merlette.

en 1957, son existence étant liée à l'exploitation du gaz de Lacq et par conséquent à la nécessité d'héberger les travailleurs du complexe industriel. En 1969, dans l'étape* pyrénéenne allant de Luchon à Mourenx-Ville-Nouvelle, Merckx* donna un récital d'une telle ampleur que Jacques Goddet*, enthousiasmé, usa du terme « Merckxissimo » pour désigner le triomphateur du jour qui avait démarré près du sommet du Tourmalet*. Seul à 140 km du but, ce fut un envol souverain et une chevauchée fantastique. Jamais il ne devait se désunir et, à l'arrivée, battait Dancelli de 8' et le reste des favoris à 15'. Encore appartenaient-ils à la sélection des dix meilleurs !

## Orcières-Merlette

Dans cette station d'altitude (1 817 m) située dans le département des Hautes-Alpes, arrondissement de Gap, se produisit en 1971 l'exploit de Luis Ocana qui, au terme de l'étape partie de Grenoble, distança Eddy Merckx* de 8'41. Dans cette onzième étape, Ocana avait décidé de faire plier Merckx. C'est pourquoi il l'attaque en compagnie du Portugais Agostinho, dès le départ dans la côte de Laffrey. Le champion belge perd le contact

temelk détient le record de la présence avec 16 participations à l'épreuve, devant Lucien Van Impe et Guy Nulens (15), André Darrigade*, Raymond Poulidor* et Kelly (14). Anderson, Agostinho, Knetemann, Lubberding, Dotto, Genet, F. Mahé et Duclos-Lassalle (13).

Soixante concurrents participent au premier Tour, 88 l'année suivante. En 1908, le nombre des 100 partants est atteint et dépassé et atteint 150 l'année suivante. En 1919, après guerre, cette dernière ayant fait des ravages, 69 concurrents seulement répondent à l'appel du starter. Mais cela ne dure guère et le nombre de 100 est dépassé l'année suivante. Il atteint 157 en 1924. Nouvelle pointe, en 1928, avec 162 coureurs. En 1931, en raison de la mise en place des équipes nationales, la participation descend à 81.

Il faudra alors attendre le premier Tour de France d'après-guerre (1947) pour retrouver une participation de 100 coureurs précisément. Puis aux alentours de 120 les années suivantes. En 1961, le Tour passe à 132 partants puis à 150 en 1962. En 1984, les concurrents au départ* sont au nombre de 170 puis 180 en 1985 et 210 en 1986. Ce sera le record. Ensuite le chiffre* de partants se stabilisera à hauteur de 198 (22 équipes de 9) partants. En 2001, 20 équipes de 9 coureurs sont invitées à participer à l'épreuve.

et Ocana accélère encore pour se retrouver avec quelques compagnons d'échappée dont Zoetemelk et Van Impe. Bientôt, l'Espagnol, au prix d'une accélération, continuera seul au pied du col du Noyer. Il reste 70 km à parcourir. Ocana tiendra et Merckx enregistrera le plus lourd échec de sa carrière. Il dira à sa descente de machine : « Aujourd'hui, Ocana nous a maté, comme El Cordobès dans l'arène mate ses taureaux. »

### ■ Participation

Environ 4 000 coureurs ont participé une ou plusieurs fois au Tour de France. Depuis 1947, le Hollandais Joop Zoe-

### ■ Pélissier Henri, Francis, Charles

Ce furent les précurseurs du cyclisme moderne. Les trois frères Pélissier soignaient leur matériel, remplaçaient les longues séances de selle par des entraînements plus brefs et plus

Course
cycliste :
Trouville -
Paris, avec un
des frères
Pélissier,
le gagnant après
sa victoire.

nerveux, affectionnant les départs de course rapides, surprenant en permanence l'adversaire impressionné. L'aîné, Henri ne s'inclina au Tour 1914 que d'un peu plus d'une minute devant Philippe Thys*. Après la guerre, on peut affirmer que, cumulant les victoires, il régna sur le cyclisme mondial, remportant notamment le Tour de France de 1923.

Francis, deuxième fils du clan,

se mit délibérément au service de son frère, ce qui ne l'empêcha pas de s'attribuer notamment trois championnats de France et deux Bordeaux-Paris. Il devint directeur sportif des cycles La Perle et guida les premiers pas professionnels d'Anquetil* et Darrigade*, notamment.

Le cadet, Charles, était peut-être moins doué pour les rudes efforts de la route. Il eut l'intelligence de se créer un style. D'une élégance de tenue qui tranchait sur les coureurs de son époque, doté d'une exceptionnelle pointe de vitesse, il devint, avec Leducq, le Français le plus populaire des années 30.

## ■ Pellos

De son vrai nom René Pellarin, il fut le premier des grands dessinateurs à avoir croqué les géants de la route. Ses dessins – juges de paix, pavés du Nord, homme au marteau et sorcière aux dents vertes –, ses personnages – aux traits accusés, nez expressifs et mentons en galoche – ont fait le bonheur des lecteurs de journaux et magazines sportifs. Il était capable de fixer les champions de toutes les époques de la manière la plus juste et la plus frappante et a su donner une forme humaine aux images mille fois chantées par les hérauts de la légende des cycles. Né à Lyon en 1900, il avait fait ses études à Genève et avait fondé dès l'âge de 16 ans un journal satirique. À Paris, en 1930, il fit du dessin sportif à *Match* et *L'Intransigeant*. Il se consacrera ensuite longtemps à *Miroir-Sprint* puis au *Miroir du Cyclisme*. Il fut aussi, et entre autres, le dessinateur des *Pieds Nickelés*.

## ■ Perjuret

Dans la descente de ce col (altitude 1 028 m) situé en Lozère et qui sépare le Causse Méjean de la montagne de l'Aigoual, le 10 juillet 1960, Roger Rivière fut victime d'une chute dans un ravin au cours de l'étape Millau-Avignon. Transporté par hélicoptère à l'hôpital de Montpellier, Rivière allait alors entreprendre une rééducation longue

Le spectaculaire accident de Roger Rivière tombé dans le col du Perjuret.

PETIT=BRETON

et difficile. Jamais il ne remonterait sur un vélo. Et pourtant dans ce Tour de France, il paraissait le mieux placé pour l'emporter face à son plus dangereux rival : l'Italien Gastone Nencini.

Lucien Petit-Breton

### ■ Petit-Breton Lucien

La carrière de ce coureur, connu essentiellement sous son pseudonyme – il s'appelait en réalité Lucien Mazan –, né à Plessé, en Loire-Atlantique, fait revivre l'histoire de la naissance du sport cycliste sur fond de Belle Époque. Il passa sa jeunesse en Argentine où il devint champion des 25 km à 16 ans. Son père ne souhaitant pas qu'il embrasse la carrière de coureur, il se choisit un pseudonyme à son retour en France, en 1902. Il fut le champion le plus populaire de son temps (1902-1914) et l'un de ceux qui, les premiers, contribuèrent à donner au Tour de France son caractère d'épopée. Ses deux victoires consécutives – 1907-1908 – provoquèrent l'enthousiasme général du public tant son panache pour vaincre forçait l'admiration. L'extraordinaire qualité de sa personnalité, son élégance morale et physique, s'exprimaient jusque dans les embûches de la course où son courage et son énergie firent de lui un être de légende, à l'image de tous ceux qui, depuis 1903, bâtissent la longue tradition de drames et d'exploits caractérisant le Tour de France.

*En vérité, il y a deux espèces de Français : ceux qui avouent aimer le Tour de France et ceux qui l'aiment sans l'avouer.*

Henri Troyat

# ■ POULIDOR RAYMOND

L'un des coureurs les plus populaires au cœur des foules. De tous, il totalise le plus grand nombre de podiums au Tour de France : 8 pour 14 participations. Il termina en outre trois fois 2e (64, 65 et 74) et 5 fois 3e (62, 66, 69, 72 et 76). On le baptisa « l'Éternel Second », réputation usurpée puisque le Hollandais Zoetemelk termina pour sa part 6 fois 2e du Tour et l'emporta enfin en 1980. Poulidor laissa passer sa chance, notamment au Tour de France 1964. Après avoir dominé Jacques Anquetil* dans le col d'Envalira, il concéda 55'' à l'arrivée finale à son grand rival normand. Chutes, mauvais choix de braquet dans le Puy-de-Dôme*, rien ne fut épargné à ce fils de fermiers de la Creuse où il est né le 15 avril 1936, à Masbaraud-Mérignat. De ses duels avec Anquetil, dès 1963, de ses déboires et de ses défaites inattendues est née la légende de Poulidor. Venu au cyclisme à 16 ans, professionnel à 24 ans, il a incarné la sagesse paysanne et un solide bon sens, qualités qui lui ont toujours permis de faire face à l'adversité et de supporter cette malchance qui lui a souvent collé aux roues. À 40 ans, toujours animé de la même passion de la bicyclette, cet étonnant vétéran des pelotons donnait une leçon de courage à ses cadets en terminant à nouveau 3e du Tour de France. Il devenait « Poupou » pour l'éternité.

Raymond Poulidor, lors de la 17e étape du Tour de France 1976.
Accompagné (à droite) d'Anquetil et Bahamontès, lors du Tour de France 1963 .

## Pra-Loup

Station des Alpes de Haute-Provence, le Tour a fait étape à deux reprises au sommet de cette montagne qui culmine à 1 630 m : en 1975 (1er Thévenet) et en 1980 (1er De Schoen-maker). L'édition 1975 reste célèbre en raison de l'exploit accompli par Bernard Thévenet qui parvint à lâcher Merckx* sur ces pentes qui s'élèvent à 7 et 8 %. Le Bourguignon, qui comptait 58'' de retard sur le Belge le matin, au départ de Nice, se retrouve à l'arrivée de l'étape avec les mêmes 58'' d'avance sur le champion du monde défaillant, brisé, souffrant des reins et de la colonne vertébrale. Thévenet endosse le Maillot* jaune. D'ores et déjà il a gagné le Tour de France.

## Puy-de-Dôme

Lieu mythique du Tour de France qui domine Clermont-Ferrand, ce vieux volcan éteint n'a été intégré à l'espace de l'épreuve qu'en 1952 où son escalade donna lieu à une envolée fantastique de Fausto Coppi*. Relativement peu élevé – une altitude de 1 415 m, avec 11 km de montée –, il présente dans son ultime tronçon de cinq km une forte dénivellation et des pentes de 12 à 13 %. En 1964, le Puy-de-Dôme* a été le témoin d'une lutte acharnée entre Jacques Anquetil* et Raymond Poulidor*. Au coude à coude, sur les flancs de la montagne, les deux hommes jetèrent leurs dernières forces dans un duel dont allait dépendre le résultat du Tour de France. Au sommet, l'écart en faveur de Poulidor atteignait 42' mais Anquetil sauvait son Maillot* jaune pour 14''… à deux jours de Paris. À treize reprises, le Tour a fait étape sur cette montagne auvergnate.

## Records

Parmi les exploits réalisés au Tour de France, on relève les records les plus divers. Par exemple, quatre coureurs se partagent le plus grand nombre de victoires finales : Anquetil, Merckx, Hinault* et Indurain*. L'étape en ligne la plus rapide a été couverte à 50,355 km/h de moyenne entre Laval et Blois,

en 1999 (1er Cipollini). Contre la montre, la palme est détenue par Greg Lemond, qui a conclu, en 1989, l'étape Versailles-Paris à 54,545 km/h de moyenne. Le prologue le plus rapide a été réalisé par Chris Boardman en 1994, entre Lille et Euralille : 55,152 km/h. En contre-la-montre par équipe, le record revient à la formation italienne Gewiss-Ballan au terme de l'étape Mayenne-Alençon, à 54,930 km/h de moyenne. La plus longue échappée solitaire est à mettre au crédit du Français Albert Bourlon à l'issue de l'étape Carcassonne-Luchon, en 1947 : 253 km, tandis que l'écart le plus important sanctionnant une échappée solitaire revient à l'Espagnol José-Luis Viejo, après un raid de 160 km à l'arrivée de l'étape Montgenèvre-Manosque, en 1976. Quant au record des victoires d'étapes, il est à mettre au crédit d'Eddy Merckx* : 34 devant Hinault : 28, tandis que Joop Zoetemelk détient le record de participations au Tour : 16 (sans un seul abandon). Enfin Charles Pélissier* détient un record personnel dans le Tour

Le Tour de France 1956, 11e étape Bayonne-Pau, avec Bahamontès.

1930 : 8 victoires d'étapes\* (dont les 4 dernières) et 7 places de deuxième.

### ▧ Restefond

Ce col, qui se dédouble avec le col de la Bonnette, culmine à 2 802 m et constitue la difficulté la plus haute d'Europe. Situé dans le département des Alpes de Haute-Provence, il met en communication les vallées de l'Ubaye et de la Tinée. Devenu col-frontière en 1860, lors de la réunion de la Savoie à la France, le Restefond a été franchi par les coureurs du Tour à trois reprises : en 1962 et 1964 (1er Bahamontès) et en 1993 (1er Millar).

### ▧ Robic Jean

Il a connu une popularité sans pareille. Né le 10 juin 1921 à Condé-les-Vouziers (Ardennes), il exerçait sur le public une certaine fascination car il existait quelque chose de surnaturel en lui que l'on retrouvait dans son énergie, son courage physique et moral. Jamais il n'illustra mieux l'image du Breton têtu. « Vas-y Robic\* ! » Cet encouragement affectueux, il l'entendit toute sa vie. Il refusait la souffrance comme il ignorait la défaite. Sa grande gloire fut d'avoir remporté en 1947 le premier Tour de France de l'après-guerre. Sur l'ensemble de l'épreuve, il s'était sans conteste révélé le meilleur et l'emporta dans la dernière étape après avoir lâché le Maillot\* jaune dans la côte de Bonsecours\* à la sortie de Rouen. Jamais il ne passa inaperçu avec sa tête casquée, ses oreilles d'éléphanteau et son visage tavelé. On l'aimait ou on ne l'aimait pas mais sa popularité restait étonnante. Ingénieux, il imagina un jour de mettre du plomb dans son bidon pour dévaler le Tourmalet\* dans l'étape Cauterets-Luchon du Tour 53, ajoutant ainsi, par la suite, un point au règlement de la course. Pour le public, il était « Biquet », le petit qui n'avait pas peur des gros et qui soufflait contre le vent.

Ci-dessus et ci-contre, Jean Robic ; il remporta le premier Tour de France d'après-guerre en 1947.

# ■ TÉLÉVISION

Chaque jour de juillet, le Tour de France devient un grand moment de télévision avec ses drames et ses passions. La télévision et le Tour constituent déjà une longue histoire. 1949 : Jacques Sallebert parvient à réaliser un reportage en direct de l'arrivée du Tour au parc des Princes. L'année suivante, Pierre Sabbagh, directeur du journal télévisé, décide de donner au Tour la place prépondérante qu'il possède déjà dans la presse écrite. Matériel et personnel de l'époque : deux caméras 16 mm, une moto BMW à double suspension télescopique arrière, une jeep, de la pellicule. Deux caméramen, un motard et un chauffeur pour ramener la pellicule de la première gare ou de l'aéroport le plus proche. Une autre course, contre la montre celle-là, va dès lors s'engager rue Cognacq-Jay. Tout doit être prêt, fignolé, contrôlé pour l'émission de 12 h 30. La télévision donne donc déjà un prolongement nouveau au Tour de France. Pendant que les coureurs s'activent sur les routes, au fil des ans le nombre de récepteurs se multiplie : 45 000 en 1953, 100 000 en 1959. Dès 1955, au départ de chaque étape, le petit écran assure sa propre publicité par une grande banderole : « Le Tour, chez vous, chaque jour, par la Télévision ». En 1959, pour la première fois, la fin de l'étape du jour est diffusée à 20 h 30 à la télé. Un tour de force rendu possible par le gigantisme des moyens mis en œuvre par la télévision : 50 personnes dont 3 commentateurs : Jacques Perrot, Jean Quittard, Robert Chapatte, des monteurs, des développeurs, des sécheurs.

Le 16 juin 1960, le caméraman François Magnen réussit, pour la toute première fois, à obtenir d'excellentes images prises en direct de sa moto et relayées par l'hélicoptère piloté par Charles Schmitt. On assiste ainsi à une extraordinaire descente de l'Izoard* retransmise à 80 km/h de la moto et permettant aux téléspectateurs de suivre le Tour comme jamais ils n'avaient pu le faire jusque-là. Depuis cette époque héroïque, les étapes* importantes se multiplient : passages de cols en direct, ensuite retransmission en Eurovision, enfin retransmission en couleur sur les petits écrans. Désormais, France Télévision, diffuseur public, et la Société Française de Production chargée de produire les images du Tour, fonctionnent en tandem. En 1992, pour la première fois, on enregistre le choix du système numérique qui fait passer le poids des caméras mobiles de 12 à 3 kg. Désormais, au sol, 6 motos scrutent le moindre mouvement du peloton. Jusqu'à 17 caméras filment les concurrents. En l'air, 3 hélicoptères dont un équipé du boule de stabilité Wescam suivent les concurrents, envoyant leurs images vers 2 avions, qui les réexpédient vers un satellite géostationnaire avant qu'elles ne redescendent sur terre. Une débauche d'énergie et de technologie qui se veut à la mesure de l'événement.

Ci-dessus, photo du journaliste de télévision Jean-Paul Ollivier, prise le 8 juillet 1997. Poulidor dans le Ventoux, suivi par la télévision.

### ■ Thys Philippe

Les Belges l'ont longtemps considéré comme le meilleur coureur à étapes* de tous les temps. Thys construisait ses victoires à force de régularité et d'endurance. Il s'installait en tête des pelotons, afin, disait-il, d'éviter les chutes et les crevaisons ; il imposait aux autres son allure personnelle et se dégageait naturellement de la meute. Né en 1890, à Anderlecht, il sera le premier dans l'histoire à remporter trois Tours de France. Nullement attiré par le geste spectaculaire qui chavire les foules, il était de ceux qui suivaient ou devançaient tous les trains et qui observaient patiemment dans l'attente de la faute adverse. Tous ses mouvements se trouvaient basés sur la réflexion ;

Page de gauche et ci-contre, Philippe Thys lors de sa première victoire au Tour de 1913.

Apo Lazaridès dans le col du Tourmalet, lors du Tour de France 1949.

Miguel
Indurain dans
la descente du
Tourmalet en
juillet 1994.
12ᵉ étape entre
Lourdes et Luz-
Ardiden.

jamais une brusquerie, rare-
ment un coup de pédale plus
saccadé que l'autre. Il pesait
exactement le même poids
– 69 kgs – à l'arrivée* du Tour
de France qu'au départ*. Il
n'acceptait aucune complai-
sance. Sa carrière fut d'une édi-
fiante et réconfortante moralité.
Il mourut le 16 janvier 1971.

### ■ Tourmalet

Situé dans les Hautes-Pyrénées,
ce col (2 114 d'altitude) de
légende fut le premier obstacle
de plus de 2 000 m franchi par
les coureurs du Tour (1910). Il
met en communication les vallées de l'Adour et du Gave.
« Découvert » par Alphonse
Steinès, journaliste à *L'Auto*,*
qui faillit périr dans les neiges
de ce qu'on appelait le « Cercle
de la mort » au cours de sa

reconnaissance. Ce col, qui signifie *mauvais détour* en patois, a été le plus souvent escaladé par le Tour de France. Une arrivée eut lieu au sommet en 1974 (1er Jean-Pierre Danguillaume). Une première arrivée eut lieu sur les pentes à quelques km du sommet, en 1970 (1er Thévenet).

### ■ Transferts

Afin de diminuer les distances entre les étapes*, les organisateurs du Tour ont été amenés à effectuer des transferts entre l'arrivée* d'une étape et le départ* de la suivante. Les premiers transferts aériens (Le Touquet-Paris et Marseille-Albi) furent organisés en 1971, tandis qu'en 1994 le Tour empruntait en première mondiale le tunnel sous la Manche. Les transferts donnèrent lieu à une protestation unanime des coureurs, au Tour de France 1978. Lors de l'arrivée de l'étape, à Valence d'Agen, Bernard Hinault*, qui disputait son premier Tour de France, devint porte-parole de la protestation des concurrents qui décidèrent de passer la ligne d'arrivée à pied vélo à la main. À la suite de cet incident, le régime des transferts commença à s'humaniser davantage.

### ■ Ventoux

Ce mont chauve (1 909 m d'altitude), situé dans le Vaucluse, au nord-est de Carpentras, établit la liaison entre la Provence et les Alpes. En partant de Bédoin (altitude 296 m), on atteint le sommet après 21,5 km de montée avec une élévation moyenne de 8 %. Côté Malaucène, on atteint une distance identique avec une élévation moyenne de 7,5 %. Il fut escaladé par les coureurs du Tour de France

Tom Simpson dans son ascension tragique du mont Ventoux.

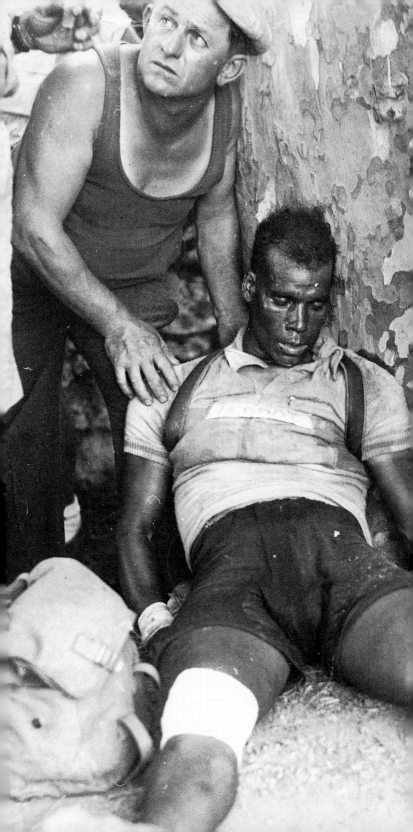

en 1951 (Lucien Lazaridès transita le premier au sommet). 6 arrivées\* furent organisées au sommet : 1958 (1er Gaul), 1965 (1er Poulidor\*), 1970 (1er Merckx\*), 1972 (1er Thévenet), 1987 (1er J.-F. Bernard), 2000 (1er Pantani). En 1967, Tom Simpson s'écroula mortellement sur les pentes surchauffées, au cours de l'étape\* Marseille-Avignon.

Montagne des contrastes et des extrêmes, le Ventoux constitue un obstacle incomparable, se distinguant des autres massifs par sa situation géographique, sa physionomie, son cadre et ses conditions climatiques. Sa flore est caractérisée par une diversité exceptionnelle puisqu'elle associe la végétation méridionale à celle de la Laponie. La raréfaction de l'oxygène et l'atmosphère suffocante des après-midi de juillet ont provoqué des défaillances parfois dramatiques.

### ◼ Zaaf Abdelkader

Ce coureur nord-africain, né en 1919, est entré dans la légende du Tour en 1950. Échappé dans l'étape\* Perpignan-Nîmes, il s'effondra au pied d'un arbre après avoir absorbé un nombre important de cachets d'amphétamines. Un vigneron voulut le revigorer en l'aspergeant à l'aide d'une bouteille de vin qu'il portait à la main. Les suiveurs, accourus, crurent que le coureur algérien s'était saoulé. La « cuite » de Zaaf entrait dans la grande histoire des faits divers du Tour. L'année suivante, il participait une nouvelle fois au Tour et terminait « lanterne rouge » sans avoir pour le moins démérité.

La mésaventure de Zaaf Abdelkader en 1950.

**1902** 20 novembre : le projet du Tour de France est adopté.

**1903** 1er juillet : départ du premier Tour de France.

**1905** Le premier col – le Ballon d'Alsace – est franchi.
René Pottier transite le premier à la moyenne de 20 km/h.

**1910** Le Tour franchit les Pyrénées (Tourmalet, Aubisque).
Octave Lapize s'impose au sommet du Tourmalet.
Apparition de la première voiture-balai.

**1911** Le Tour à l'assaut des grandes Alpes. Émile Georget passe premier au sommet du col du Galibier (2 556 m).

**1913** Retour définitif au classement aux temps après l'expérience du classement par points.

**1919** Création du Maillot jaune durant le Tour.
Le premier porteur en est Eugène Christophe, le 19 juillet, au départ de la 11e étape.

**1924** Ottavio Bottecchia est le premier Italien à remporter le Tour de France et porte le Maillot jaune de la première à la dernière étape.

**1926** Premier départ de Province (Évian). Distance record : 5 745 km.

**1927** Record du nombre d'étapes : 24. Celles de plaine se déroulent contre la montre par équipe.

**1928** Deux catégories de touristes-routiers sont créées : équipes régionales et individuels.
Les Australiens sont au départ.

**1930** Création des équipes nationales (marques de cycles effacées, vélos anonymes de couleur jaune fournis par l'organisation), du challenge international et de la caravane publicitaire.
Pour la T.S.F., Jean Antoine et Alex Virot effectuent les premiers reportages en direct.

**1931** Max Bulla devient le premier Autrichien Maillot jaune.

**1932** Kurt Stoepel devient le premier Allemand Maillot jaune.

**1933** Création du grand prix de la Montagne.
Premier lauréat : l'Espagnol Vicente Trueba.
Georges Speicher gagne le Tour et son succès vaut à *L'Auto* un tirage record de 845 045 exemplaires.

**1934** Première étape contre la montre individuelle (La Roche-sur-Yon-Nantes : 80 km) remportée par Antonin Magne.

**1936** Création des tiers d'étapes.
Participation de la Roumanie et de la Yougoslavie.
Vainqueur de la première étape, Paul Egli est le premier Helvète à endosser le Maillot jaune.

**1937** Emploi généralisé du dérailleur.

**1939** Première étape contre la montre en montagne : Bonneval-Bourg-Saint-Maurice, par le col de l'Iseran.

**1947** Renaissance du Tour de France après sept ans d'interruption.
Première étape dans une capitale étrangère : Bruxelles, suivie de Luxembourg.

**1948** Rente quotidienne pour le porteur du Maillot jaune et prix spéciaux aux Régionaux.
Deux mille familles parisiennes possédant un poste de télévision assistent à l'arrivée du vainqueur Gino Bartali, qui réussit l'exploit de remporter le Tour dix ans après son premier succès.

**1950** Orson Welles donne le départ du Tour, place du Palais-Royal.

**1951** Premier passage au sommet du Mont Ventoux (1er Lucien Lazaridès) au cours de l'étape Montpellier-Avignon.
Wim Van Est est le premier Hollandais à endosser le Maillot jaune.

**1952** Premières arrivées en altitude (Alpe d'Huez, Sestrières, Puy-de-Dôme).

**1953** Tour du cinquantenaire : création du Maillot vert.
Peugeot partenaire officiel du Tour.
Les 203 décapotables remplacent les jeeps d'assistance.
Les PTT émettent un timbre de 12 francs signé Decaris.

# CHRONOLOGIE

**1954** Premier départ général de l'étranger : Amsterdam.

**1955** Photo-finish pour les arrivées. Premier transfert d'après-guerre (parcours neutralisé entre Poitiers et Châtellerault). La télévision diffuse chaque jour un résumé filmé. Miguel Poblet devient le premier Espagnol de l'Histoire à endosser le Maillot jaune.

**1956** Le Tour établit une moyenne générale record : 36,268 km/h. Victoire surprise mais méritée du régional Roger Walkowiak.

**1958** Pour la première fois, les téléspectateurs assistent en direct au passage d'un col, l'Aubisque.

**1960** Premier transfert par le train entre Bordeaux et Mont-de-Marsan. Passage sur le pont de Tancarville (étape Dieppe-Caen). Équipes nationales de quatorze coureurs.

**1962** Escalade du Restefond, col le plus élevé de l'histoire (2 802 m). Retour aux équipes de marques abandonnées en 1929. Apparition des groupes avec associés extra-sportifs. Pour la première fois, un Anglais endosse le Maillot jaune – Tom Simpson – à l'issue de l'étape Pau-Saint-Gaudens.

**1963** Un Irlandais en jaune pour la première fois : Seamus Elliott (étape Jambes-Roubaix).

**1964** Jacques Anquetil établit le record des victoires dans le Tour : 5.

**1966** Contrôle antidopage surprise à Bordeaux. Les coureurs protestent et le lendemain mettent pied à terre à Gradignan et effectuent quelques hectomètres, vélo à la main (étape Bordeaux-Bayonne).

**1967** Création du prologue. Retour à la formule des équipes nationales. Tom Simpson disparaît sur les pentes du mont Ventoux. Ultime arrivée au vélodrome du parc des Princes.

**1968** Contrôles anti-dopage aux arrivées. Final du Tour au vélodrome du bois de Vincennes. Création du Maillot blanc du combiné.

**1969** Retour durable à la formule des équipes de marques.

**1971** Premiers transferts aériens (Le Touquet-Paris et Marseille-Albi). Prologue par équipe.

**1973** 50 millions de téléspectateurs et 12 millions de spectateurs assistent à la victoire d'Ocana qui utilise un cadre en titane.

**1974** Étape inédite en Grande-Bretagne, que le Tour rejoint en bateau du port de Roscoff.

**1975** Première arrivée sur les Champs-Élysées. Création du Maillot à pois

(meilleur grimpeur) et du Maillot blanc (meilleur jeune).

**1978** Michel Pollentier, Maillot jaune, mis hors course, à l'Alpe d'Huez, pour tentative de fraude au contrôle anti-dopage. Grève-surprise des coureurs à Valence-d'Agen, où ceux-ci passent la ligne d'arrivée, vélo à la main, pour protester contre les transferts de ville à ville.

**1980** Le Tour de France est désormais organisé au sein du groupe Amaury, par la Société du Tour de France.

**1981** Phil Anderson devient le premier Australien à endosser le Maillot jaune.

**1983** Formule Open. Participation des amateurs colombiens. Pour la première fois, un Danois Kim Andersen, s'empare du Maillot jaune.

**1984** Maillot rouge pour un classement des sprints intermédiaires.

**1986** Record de partants : 210. Alex Stieda devient le premier Maillot jaune canadien. Et Greg Lemond le premier vainqueur américain.

**1987** Départ de Berlin, le plus éloigné de l'Hexagone. Premier Maillot jaune polonais : Lech Piasecki

**1988** Création du village-départ.

# CHRONOLOGIE

**1989** Greg Lemond s'impose par la plus faible marge de l'histoire du Tour de France : 8". Sélection des formations sur la base du classement F.I.C.P.
Dix-huit premières équipes sélectionnées et quatre *wild cards*.
Fiat, partenaire et constructeur officiel du Tour.
Pour la première fois, un Portugais revêt le Maillot jaune (Acacio Da Silva).

**1990** Étape au Mont Saint-Michel. Concentration des opérations protocolaires : emblèmes des leaders ramenés aux trois Maillots fondamentaux (jaune, vert, blanc à pois rouges).

**1992** Parcours européen. Départ de San Sebastian (Espagne). Premier Espagnol à enlever deux Tours, Indurain établit avec 39,504 km, la nouvelle moyenne-record.

**1994** Le Tour emprunte en première mondiale le tunnel sous la Manche et retrouve l'Angleterre vingt ans après.

**1998** Départ d'Irlande. Affaire Festina, qui révèle un dopage organisé au sein d'une formation.

**1999** Après Lemond, victoire d'un second Américain : Armstrong qui récidivera en 2000.

# BIBLIOGRAPHIE SÉLECTIVE

Jacques AUGENDRE, Marcel BIDOT, *L'Épopée du Tour de France,* éditions Orban.

Pierre CHANY, Thierry CAZENEUVE, *La Fabuleuse Histoire du Tour de France,* Paris, éditions La Martinière, 1997.

Paul BOURY, *La France du Tour,* Paris, l'Harmattan, collection « Espaces et Temps du sport », 1997.

Claude SUDRES, *Dictionnaire international du cyclisme,* éditions Ronald Hirle, 1995.

Jacques GODDET, *L'Équipée belle,* Paris, Robert Laffont/Stock, 1991.

Jean DURRY, *La véridique histoire des géants de la route,* Paris, Denoël.

Jean DURRY, *L'En-cycle-opédie,* Paris, Édita, 1982.

E. BESSON, À MICHEA, *100 ans de Tour de France,* Tallandier

S. LAGET, *La saga du Tour de France,* Paris, Gallimard, collection « Découvertes », 1990.

G. CAPUT, C. ECLIMONT, *Almanach du cyclisme,* Méréal, 1999.

J.-P. BROUCHON, *Le Tour de France,* Paris, éditions Balland/Jacob-Duvernet, 2000.

# P A L M A R È S

1903 Maurice Garin (France)
1904 Henri Cornet (France)
1905 Louis Trousselier (France)
1906 René Pothier (France)
1907 Lucien Petit-Breton (France)
1908 Lucien Petit-Breton (France)
1909 François Faber (Luxembourg)
1910 Octave Lapize (France)
1911 Gustave Garrigou (France)
1912 Odile Defraye (Belgique)
1913 Philippe Thys (Belgique)
1914 Philippe Thys (Belgique)
1919 Firmin Lambot (Belgique)
1920 Philippe Thys (Belgique)
1921 Léon Scieur (Belgique)
1922 Firmin Lambot (Belgique)
1923 Henri Pélissier (Belgique)
1924 Ottavio Bottecchia (Italie)
1925 Ottavio Bottecchia (Italie)
1926 Lucien Buysse (Belgique)
1927 Nicolas Frantz (Luxembourg)
1928 Nicolas Frantz (Luxembourg)
1929 Maurice Dewaele (Belgique)
1930 André Leducq (France)
1931 Antonin Magne (France)
1932 André Leducq (France)
1933 Georges Speicher (France)
1934 Antonin Magne (France)
1935 Romain Maës (Belgique)
1936 Sylvère Maës (Belgique)
1937 Roger Lapébie (France)
1938 Gino Bartali (Italie)
1939 Sylvère Maës (Belgique)
1947 Jean Robic (France)
1948 Gino Bartali (Italie)

1949 Fausto Coppi (Italie)
1950 Ferdi Kubler (Suisse)
1952 Hugo Koblet (Suisse)
1953 Louison Bobet (France)
1954 Louison Bobet (France)
1955 Louison Bobet (France)
1956 Roger Walkowiak (France)
1957 Jacques Anquetil (France)
1958 Charly Gaul (Luxembourg)
1959 Federico Bahamontès (Espagne)
1960 Gastone Nencini (Italie)
1961 Jacques Anquetil (France)
1962 Jacques Anquetil (France)
1963 Jacques Anquetil (France)
1964 Jacques Anquetil (France)
1965 Felice Gimondi (Italie)
1966 Lucien Aimar (France)
1967 Roger Pingeon (France)
1968 Jan Janssen (Hollande)
1969 Eddy Merckx (Belgique)
1970 Eddy Merckx (Belgique)
1971 Eddy Merckx (Belgique)
1972 Eddy Merckx (Belgique)
1973 Luis Ocana (Espagne)
1974 Eddy Merckx (Belgique)
1975 Bernard Thévenet (France)
1976 Lucien Van Impe (Belgique)
1977 Bernard Thévenet (France)
1978 Bernard Hinault (France)
1979 Bernard Hinault (France)
1980 Joop Zoetemelk (Hollande)
1981 Bernard Hinault (France)
1982 Bernard Hinault (France)
1983 Laurent Fignon (France)
1984 Laurent Fignon (France)

1985 Bernard Hinault (France)
1986 Greg Lemond (USA)
1987 Stephen Roche (Irlande)
1988 Pedro Delgado (Espagne)
1989 Greg Lemond (USA)
1990 Greg Lemond (USA)
1991 Miguel Indurain (Espagne)
1992 Miguel Indurain (Espagne)
1993 Miguel Indurain (Espagne)
1994 Miguel Indurain (Espagne)
1995 Miguel Indurain (Espagne)
1996 Bjarne Riis (Danemark)
1997 Jan Ullrich (Allemagne)
1998 Marco Pantani (Italie)
1999 Lance Armstrong (USA)
2000 Lance Armstrong (USA)

## Victoires par nation

**France :** 36

**Belgique :** 18

**Italie :** 9

**Espagne :** 8

**USA :** 5

**Luxembourg :** 4

**Suisse et Hollande :** 2

**Danemark, Irlande
et Allemagne :** 1

# I N D E X

# I N D E X

**Crédits photographiques :** AFP 18, 22-23, 26-27, 30, 33, 34, 36, 37, 38-39, 42, 43, 44, 58, 67, 69, 78, 79, 82, 83, 89, 97, 100, 106, 109b, 110 ; Archives de la ville de Bonsecours 54 ; Bruno Bade 63 ; Gilles Martin 73 ; Miroir-Sprint 4-5, 47h, 85b, 102, 103h, 111 ; Jean-Paul Ollivier 1, 24-25, 41, 50-51, 59, 61, 75h, 76-77, 84h, 86, 87, 93, 101, 103b, 104, 105, 107 ; Presse-Sports 14-15, 55, 57, 70-71, 75b, 80-81, 88, 92, 98, 112 ; Georges Rakic 94 ; Roger-Viollet 90 ; Rue des Archives 6, 8-9, 10, 13, 16, 21, 28, 40, 45, 46, 48, 49, 53, 62, 65, 72, 96 ; D.R. 47b, 64, 68, 108, 109h.

Coordination éditoriale : Sandrine BAILLY et Nathalie BEC
Iconographie : Stéphanie MASTRONICOLA, Marie-Agnès NATUREL
Lecture et corrections : Gudul Prod
Mise en pages : Gudul Prod
Fabrication : Mélanie LAHAYE
Photogravure, Flashage : Pollina s.a., Luçon
Couverture imprimée par Pollina s.a., Luçon
Achevé d'imprimer et broché en mars 2001 par Pollina s.a., Luçon

© 2001 Flammarion, Paris
ISBN : 2 080127276
ISSN : 1275-2789
N° d'édition : FA2727-01
N° d'impression : L83551
Dépot légal : juin 2001

*Imprimé en France*

Pages 4-5 : Ville de Poitiers, une étape phare du Tour de France.